中国博士后科学基金面上项目：2020M671377

江苏省高等学校基础科学（自然科学）研究面上项目：23KJB630005

江苏省教育厅高校哲学社会科学研究一般项目：2023SJYB2147

U0464556

家族企业差序式领导对员工绩效的作用机制研究

张林荣　吴梦云　蒋丹　著

江苏大学出版社

JIANGSU UNIVERSITY PRESS

镇　江

图书在版编目(CIP)数据

家族企业差序式领导对员工绩效的作用机制研究 /
张林荣, 吴梦云, 蒋丹著. -- 镇江：江苏大学出版社,
2023.11
ISBN 978-7-5684-1946-8

Ⅰ. ①家… Ⅱ. ①张… ②吴… ③蒋… Ⅲ. ①家族-
私营企业-人力资源管理-研究-中国 Ⅳ.
①F279.245

中国版本图书馆 CIP 数据核字(2022)第 256205 号

家族企业差序式领导对员工绩效的作用机制研究

著　　者/张林荣　吴梦云　蒋　丹
责任编辑/张小琴
出版发行/江苏大学出版社
地　　址/江苏省镇江市京口区学府路 301 号(邮编：212013)
电　　话/0511-84446464(传真)
网　　址/http://press.ujs.edu.cn
排　　版/镇江市江东印刷有限责任公司
印　　刷/苏州市古得堡数码印刷有限公司
开　　本/718 mm×1 000 mm　1/16
印　　张/14.25
字　　数/286 千字
版　　次/2023 年 11 月第 1 版
印　　次/2023 年 11 月第 1 次印刷
书　　号/ISBN 978-7-5684-1946-8
定　　价/62.00 元

如有印装质量问题请与本社营销部联系(电话：0511-84440882)

前　言

　　家族企业作为普遍存在的组织形式,无论是在数量、规模还是在对 GDP 的贡献上,都具有重要地位,对中国经济的发展起到了较大的推动作用。与此同时,领导作为重要的组织情境因素,对员工的心理、态度和行为有着重要影响。社会文化、结构和组织文化的不同,导致社会和组织中的领导方式各有不同。差序式领导正是植根于华人文化情境和社会结构中的特殊领导方式,不仅影响华人组织中的员工绩效,而且对华人组织的生存和可持续发展产生重要影响。既有的研究认为,员工绩效包含角色内绩效和角色外绩效,能够反映领导者的领导效率,同时也是组织生存和发展的重要保证。因此,研究基于华人特殊文化情境、社会结构中的差序式领导方式,以及差序式领导对员工绩效的影响及其间的作用机制,对促进我国家族企业的可持续发展兼具重要的理论价值和现实意义。

　　本书基于一个背景(华人文化情境下的差序格局)、一条脉络(差序式领导对员工绩效的影响)、一个特殊组织(中国大陆家族企业)来构建整体研究框架,主要运用社会学、心理学、组织行为学等相关理论,使用文献研究、访谈、建立结构方程、博弈论等方法,试图构建起差序格局视角下家族企业这样一种相对特殊的组织中的差序式领导对员工绩效影响的新的研究范式。首先,在中国大陆家族企业中验证差序式领导两维度量表的效度和信度。其次,在中国大陆家族企业中建立"差序式领导-员工绩效"的实证研究框架。考虑到员工的异质性促使差序式领导将员工分为自己人员工和外人员工两个次团体,探讨差序式领导对自己人员工绩效影响的中介作用机制、差序式领导对外人员工绩效影响的中介作用机制,以及员工的个人成长需求对上述中介作用机制的调节作用。再其次,在实证研究的基础上,鉴于自己人员工不想变成外人员工,外人员工会努力采取策略实现其地位流动,探讨外人员工的地位流动及其对自己人和外人员工绩效的影响。最后,基于上述研究,为家族企业有效优化领导方式、提升员工绩效提出对策,以期为家族企业组织绩效的提升和可持续发展提供理论参考和实践指导。

本书共分为7章。(1)绪论。主要介绍研究背景,研究对象、目的与意义,国内外文献,研究内容与框架,研究思路与方法。(2)相关理论基础及核心概念。资源理论、社会交换理论、社会融入理论等是本书主要的理论基础;对家族企业、差序式领导、员工绩效、心理授权和外群体偏爱等核心概念进行界定。(3)差序式领导对员工绩效的影响及其作用机制的研究假设与模型构建。首先基于相关文献回顾和理论论述,对于自己人员工,构建心理授权对差序式领导与员工绩效关系的中介作用模型;对于外人员工,构建外群体偏爱对差序式领导与员工绩效关系的中介作用模型。然后考虑个人成长需求这一个性特征对上述中介作用机制模型的调节效应。最后构建差序式领导对员工绩效影响的理论框架。(4)量表设计与预调研。针对研究问题,选取变量、测量工具和调查样本。首先借鉴国内外成熟的测量工具,并根据需要进行适当修订。对于没有成熟测量工具的"外群体偏爱"这一变量,根据研究目的和研究主题,遵循科学范式进行开发。然后编制初始调研问卷进行预调研,对预调研收集的数据进行项目分析和探索性因子分析,基于预调研的分析结果、通过征求专家意见、考虑被试在预调研过程中遇到的问题,对初始调研问卷进行修正,最终形成正式的调研问卷。(5)差序式领导对员工绩效的影响及其作用机制的实证检验。首先对调研收集的有效数据进行描述性统计,对问卷进行信度、效度以及共同方法变异问题的检验,对结构方程模型进行拟合优度检验,通过路径系数分析验证差序式领导对员工绩效的影响;然后运用 Bootstrap 检验自己人员工心理授权在差序式领导与员工绩效之间的中介作用机制,以及外人员工外群体偏爱在差序式领导与员工绩效之间的中介作用机制;最后用 SPSS 宏进一步检验个人成长需求对上述中介作用机制的调节作用。(6)外人员工的地位流动及其对员工绩效的影响。在实证分析的基础上,鉴于差序式领导分别通过心理授权、外群体偏爱对自己人员工和外人员工的绩效产生了正向的影响,同时自己人和外人群体的群际边界一定程度上具有可渗透性,自己人员工固然不想变成外人员工,但外人员工一定不会放弃变成领导者"自己人"的机会,他们会努力采取向上流动的策略以实现其地位流动,因此运用博弈论进一步研究外人员工的地位流动及其对员工绩效的影响。(7)结论、建议与展望。对研究结论进行总结,根据研究结论给出相应的管理启示和建议,优化家族企业领导效率,提高家族企业员工绩效,促进家族企业组织绩效的提升和可持续发展,然后对研究的局限性进行说明,并指出今后的研究方向。

　　本书具有以下特色与创新:(1)研究视角具有一定的创新。差序式领导最初是在台湾地区展开实证研究的,虽然也有学者在中国大陆进行研究,但是鲜有学者基于中国大陆家族企业研究差序式领导。由于中国大陆家族企业受华人文化影响的程度更深,因此本书立足中国大陆家族企业这一极具华人文化代表性的组织探讨差序式领导对员工绩效的影响及其间的作用机制。本书与以往同类研究相比最大的特点在于考虑了领导者将员工归类为"自己人"和"外人",分别探讨了差序式领导对自己人员工和外人员工绩效的影响以及其间的不同作用机制。(2)研究内容具有一定的创新。本书拓延了差序式领导对员工绩效影响的研究深度。首先,本书首次在中国大陆家族企业验证了差序式领导的两维度量表,证明差序式领导包括工作型差序式领导和情感型差序式领导两个维度。其次,本书开发了适合的外人员工的外群体偏爱测量量表。再其次,考虑到员工异质性,本书分别研究了心理授权对自己人员工绩效的中介作用机制以及外群体偏爱对外人员工绩效的中介作用机制,深化了差序式领导对员工绩效影响的中介作用机制研究。最后,本书探讨了个人成长需求对上述中介作用机制模型的调节作用,挖掘差序式领导作用效果的边界条件,以更好地诠释差序式领导的作用效果。研究差序式领导对员工绩效影响的中介和调节作用机制,有利于加深对二者之间关系的理论认识,对家族企业的管理实践更有指导意义。(3)研究方法具有一定的创新。鉴于自己人和外人群体的群际边界一定程度上具有可渗透性,自己人员工固然不想变成外人员工,但外人员工不会放弃变成领导者"自己人"的机会,他们会努力采取向上流动的策略以实现其地位流动,因此本书在实证研究的基础上,采用动态博弈的方法建立领导者、自己人和外人的三方动态博弈模型,进一步研究外人员工的地位流动对员工绩效的影响。结果发现,外人员工的地位流动不仅不会降低员工绩效,还会在现有员工绩效的基础上,因外人员工为之付出的努力和投入以及与自己人员工之间的合作和互动,而带来员工绩效的进一步提升。

本书由吴梦云教授策划选题和指导写作,由张林荣和蒋丹撰写、校对。感谢江苏大学营造的浓厚学术氛围、提供的良好学术条件;感谢江苏大学出版社杨海濒、张小琴编辑对本书出版付出的辛劳;感谢本书所列参考文献的中外作者,他们为本书的研究提供了深刻的启迪和有益的参考。囿于我们的认知,书中不足之处在所难免,恳请各位专家学者批评指正。

目　录

第 1 章　绪 论

1.1　研究背景

1.1.1　现实背景

无论是在中国还是世界其他地区，家族企业作为普遍存在的组织形式，是中国经济以及世界经济发展的重要支柱。在美国，家族企业创造了 60% 的 GDP 和 78% 的就业机会。在欧洲，40%~50% 的工作机会都是由家族企业创造的，同时家族企业占据了欧洲企业的大半，其中，英国 65% 的企业是家族企业，法国 75% 的企业是家族企业，德国 75% 的企业是家族企业。在亚洲，印度 GDP 的 2/3 以及工业总产值的 90% 是由家族企业创造的，中国台湾地区 76% 的上市公司是家族企业。从 2015—2021 年中国上市公司的数据（见图 1.1）可以看出，2021 年中国民营上市公司占中国上市公司总数的比例达到 68.20%，家族上市公司占民营上市公司总数的 88.99%。家族企业无论是在数量、规模还是在对 GDP 的贡献上，都具有重要的地位，对我国经济的发展起到重大推动作用。党的二十大报告明确提出，"必须坚持科技是第一生产力、人才是第一资源、创新是第一动力，深入实施科教兴国战略、人才强国战略、创新驱动发展战略，开辟发展新领域新赛道，不断塑造发展新动能新优势"。目前我国的研发投入和专利数量已跃居世界第二，其中民营企业创新投入超过我国其他类型企业的总和，成为我国创新实践的中坚力量，而民营企业中绝大多数都是家族企业。可见，我国家族企业在研发投入上也占据了极其重要的地位，对我国经济发展具有重要的战略意义。

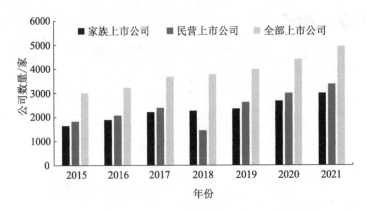

图 1.1　2015—2021 年中国上市公司数量

（数据来源：CSMAR）

　　领导作为一种社会影响力，举世普遍存在。国内学者在研究初期，倾向于借用西方的领导理论探讨存在于华人企业中的领导现象。Farh 和 Cheng 指出，领导的内涵、特征及具体表现深受其所处文化情境的影响。不同文化背景下人们的行为和文化理念各有异同，在华人文化社会中借用西方领导论，会产生"橘化为枳"的现象。华人社会深受儒家文化的影响，自古以来就形成了与西方不同的价值观和行为方式。领导者的领导方式必然受到华人文化情境的影响，展现出与西方社会不同的领导方式。在华人社会结构中，人与人之间的关系和互动会依据近远亲疏而有所不同。因此，中国社会的结构如同投石入水泛起的圈圈涟漪，人就如同石投入水产生的那个圆点，涟漪越接近圆点，代表人与人之间的关系越近，反之亦然。这就是费孝通于 1948 年提出的华人社会结构具有的"差序格局"的特征，也是儒家文化中主张的"伦"。在特有的文化情境下，华人社会更多地展现出极具父权色彩和人治偏私主义的差序式领导风格。领导者会依据员工与自己关系的亲疏远近、员工的忠诚度以及员工的才能将员工划分为"自己人"和"外人"，对不同的员工采取不同的对待方式，表现为差序式领导（differential leadership，DL）的特殊领导风格。差序式领导作为普遍存在于华人企业中的领导方式已经被很多学者证实。根据文化适应性假设，当某种现象长期存在于某一文化情境中时，就意味着这种现象在该文化下必有其适应性优势。因此差序式领导在华人职场中有其文化适应性优势，对华人组织的生存和发展产生重大影响，而华人企业中绝大多数都是家族企业。综上，研究中国家族企业中领导者的差序式领导风格具有重要的实践意义。

经济全球化和信息技术的飞速发展，一方面为家族企业的发展带来机遇，另一方面使家族企业面临的竞争愈来愈激烈。家族企业经营目标和任务的完成是家族企业经营成功和永续生存的必要非充分条件，而组织中每个目标和任务的出色完成都离不开企业中的工作团队以及工作团队中的每一位员工。员工作为最活跃的生产力要素，是企业组织绩效和利润的直接创造者。组织的生存无非就是组织绩效的提升。组织绩效的提升依赖于每个团队的绩效水平，团队绩效水平又依赖于每个员工的绩效表现。因此，员工个人绩效不仅有利于工作团队绩效的提升，而且对家族企业组织绩效的提升、可持续发展和基业长青有着重要意义。

中西方文化背景和社会架构的差异导致本土化领导研究不断兴起。以差序格局为背景来探讨中国组织中的领导现象，对于理解中国领导者心理和行为具有十分重要的意义。这种偏私的领导风格能否对组织内员工的绩效起促进作用正逐渐引起学者们的重视。对于差序式领导表现出来的偏私，员工基于不同的认知而形成不同的行为倾向，进而影响员工绩效。那么差序式领导作为重要的组织情境因素，对员工绩效到底会产生什么样的影响？它又是通过怎样的作用机制产生影响的？这些都值得我们深入思考。

1.1.2　理论背景

为什么有的员工绩效高，有的员工绩效低？这是人力资源管理和组织行为学研究的重点问题。学者们已经探讨了员工个人因素和组织因素对员工绩效的影响，其中领导风格作为重要的组织因素，对员工绩效的影响得到了广泛关注。现有研究主要借用西方文化和社会结构中发展出来的领导方式来研究华人文化情境下的领导风格对员工绩效的影响，例如，变革型领导通过建立愿景、描绘蓝图和激励员工等提高员工绩效。但是，越来越多的学者注意到华人文化情境和社会结构与西方社会存在很大的差异，直接将西方社会发展出来的领导方式应用到华人社会的组织研究中会存在一定的偏差，从而掀起了管理本土化的浪潮。学者们开始致力于挖掘华人文化情境下的特殊领导方式，郑伯壎等人基于"差序格局"的华人社会结构提出差序式领导风格被认为普遍存在于华人企业中。差序式领导是一种领导者根据自己与员工的关系、员工对自己的忠诚度以及员工的才能（亲、忠、才）来区分自己人员工和外人员工，进而引发对自己人员工在管理方式和资源分配上的偏私对待行为（favorable treatment）。

　　领导理论的研究重点在于探讨领导方式的有效性，而员工绩效是检验领导方式有效性的重要指标之一。姜定宇、张菀真以中国台湾地区企业员工为调查对象，最先研究了差序式领导与部属效能和部属态度的关系，发现在控制了家长式领导的影响后，差序式领导与员工忠诚和员工效能仍具有正相关关系。王磊通过实证检验证明了差序式领导有利于提升员工的工作绩效、利他人行为和对主管的忠诚度，降低员工的离职倾向。李晓玉等研究表明差序式领导对员工建言行为有正向预测作用，内部人身份感知和组织承诺在其中发挥并列中介作用。赵金金研究发现，差序式领导对建设性越轨创新行为有显著正向影响。刘文彬、唐超和唐杰研究发现差序式领导对反正产行为具有负向作用。吴士健、高文超和权英研究发现差序式领导有利于员工创造力的发挥，员工自我效能感发挥部分中介作用，中庸思维在上述中介作用过程中起调节作用。陈晓暾等认为差序式领导通过组织自尊和工作重塑的链式中介作用正向影响员工职业成长。尽管目前大多数学者证明了华人组织中差序式领导对员工绩效具有重要影响，但是也有学者得到了不一样的结论。林英晖和程垦研究发现，差序式领导容易诱发员工的亲组织非伦理行为，该行为往往会得到组织的默许，但是会对组织的长远发展造成严重损害。来宪伟、许晓丽和程延园在对领导差别对待的中西方对比研究的综述中发现，目前学者对差序式领导的实证研究证明了差序式领导既存在积极的正向影响，也可能存在负向作用。于永达和薛莹基于信息加工理论，发现差序式领导会损害员工心理安全感，从而引发员工知识隐藏行为。苏涛等通过对 47 个独立实证研究（16592 个样本）的元分析发现，差序式领导具有双面效应，差序式领导对下属工作态度、职场主动行为、创新、工作绩效具有促进作用，但也会导致下属产生职场非伦理行为，并且对下属创新和职场非伦理行为的影响尤为突出。因此，对差序式领导与员工绩效之间的关系有待进一步厘清。

学者们对差序式领导的关注才经历短短十几年，对差序式领导与员工绩效之间作用机制的研究还不够深入。现有关于其作用机制的研究大都将员工看成是同质的，考虑相同中介作用机制对员工绩效的影响。然而，无论是从差序式领导的概念还是从差序式领导的测量上都可以看出，差序式领导风格下的员工并不是同质的。一方面，差序式领导者会将员工分为"自己人"和"外人"两类；另一方面，员工自身也会主观感知到自己属于领导者的"自己人"还是"外人"。差序式领导对自己人员工在资源分配和管理方式上的偏私对待，自然就带来了员工之间的差异和异质性。因此，差序式领导对自己人员工和外人员工绩效影响的中介作用机制可能并不相同。正如徐玮伶所指出的，差序式领导对自己人员工和外人员工的影响历程可能也是不同的。因此，本书将从个体与环境交互作用的视角探究差序式领导对自己人员工和外人员工绩效影响的不同作用机制，以期能够丰富差序式领导对员工绩效作用机制的相关研究和理论认识。

1.2 研究对象、目的与意义

1.2.1 研究对象

本书的研究主题为"家族企业差序式领导对员工绩效的影响及其作用机制"，因此，本书立足家族企业，研究其中的"工作团队及团队员工"。工作团队由三个及三个以上团队成员构成，他们拥有共同的任务和目标，每个成员都不能单独完成任务，需要团队中其他成员的配合。团队中的每个成员都觉得大家是一个整体，在其他人看来他们也是一个整体。确定工作团队是为了更精确地实现领导者和员工的配对。从领导者的角度来看，由于差序式领导风格，工作团队中的员工被领导者划分为"自己人"和"外人"两个次团体；从员工的角度来看，员工自身也能感知到自己属于领导者的"自己人"还是"外人"。因此，本书将采取领导者和员工双评一致的方式确定员工的归类。本书的研究范畴是中国大陆家族企业工作团队中领导者的差序式领导对团队成员员工绩效的影响，并分别探讨对于自己人员工和外人员工，差序式领导对其员工绩效影响的不同作用机制。

1.2.2 研究目的

家族企业在促进我国国民经济发展和社会就业中发挥了举足轻重的作用，而家族企业中的员工绩效可以检验领导方式的有效性，对家族企业组织绩效的提升以及可持续发展至关重要。郑伯壎基于差序格局的华人社会结构提出来的差序式领导被认为普遍存在于华人社会和组织中，但是学术界对差序式领导的研究仍处于起步阶段，关于差序式领导对员工绩效的影响研究尚存有一定争议。基于差序式领导对员工绩效的作用机制不清晰等现实和理论背景，本书将研究家族企业差序式领导对员工绩效的影响以及对自己人和外人员工绩效影响的不同中介作用机制，借助动态博弈的方法研究外人员工的地位流动对员工绩效产生的影响。

本书的研究目的如下：

（1）探讨中国大陆家族企业中差序式领导与员工绩效的关系，进一步推动中国大陆差序式领导的本土化研究。一直以来，中国学者都在研究差序式领导的有效性，但是对差序式领导与员工绩效的关系存有争议，并且目前研究主要集中于台湾地区，对大陆本土的研究不足。因此，本书将在中国大陆家族企业中采用大样本分组实证分析的方法进一步验证两者之间的关系，构建家族企业差序式领导对员工绩效的影响及其作用机制的理论框架。

（2）考虑员工异质性，分别探讨心理授权在差序式领导与自己人员工绩效之间所发挥的作用，以及外群体偏爱在差序式领导与外人员工绩效之间所发挥的作用，为揭开差序式领导对自己人和外人员工绩效中介作用机制的"黑箱"做尝试性的探索，进一步深化差序式领导对员工绩效影响的研究深度。

（3）探讨个人成长需求这一员工个性特征在差序式领导对员工绩效影响的中介作用机制中发挥的调节作用。拥有不同成长需求的员工对差序式领导的反应可能不同，从而导致差序式领导对员工心理和行为的影响存在差异，因此研究个人成长需求的调节作用能够更好地诠释差序式领导的作用效果，挖掘差序式领导作用效果的边界条件。

（4）在实证研究的基础上，有鉴于自己人和外人群体的群际边界一定程度上具有可渗透性，自己人员工固然不想变成外人员工，但外人员工一定不会放弃变成领导者"自己人"的机会而努力采取向上流动的策略以实现其地位流动，因此本书结合博弈论，进一步探讨外人员工的地位流动对自己人和外人员工绩效的影响。

（5）为优化家族企业差序式领导方式、进一步完善作用机制，从而提升员工绩效，本书通过对差序式领导与员工绩效之间的关系以及两者之间作用机制的探讨，探究提升员工绩效的合适路径，为家族企业差序式领导者优化其领导方式、提升家族企业组织绩效和实现可持续发展提供理论指导和实践意义。

1.2.3　研究意义

1.2.3.1　理论意义

近年来，在西方背景下产生的管理学理论体系在华人社会受到一定程度的质疑。一种理论在一种文化下有效，但在另一种文化中未必有效。因此，越来越多的华人学者提出管理学本土化的需求。本书以植根于华人"差序格局"社会结构中的差序式领导理论为基础，验证差序式领导量表，探讨差序式领导对员工绩效的影响以及对自己人和外人员工绩效影响的不同中介作用机制和边界调节条件，研究外人员工的地位流动及其对自己人和外人员工绩效的影响，为相关研究提供一定的理论参考，为管理学理论本土化的发展和完善做进一步补充。

（1）本书关注存在于华人文化情境下的差序式领导方式，有利于丰富差序式领导的理论研究。通过验证差序式领导的两维度量表，丰富了差序式领导的测量工具，为拓展差序式领导的实证研究奠定了基础，有利于华人文化情境中领导风格和领导方式的本土化研究。在中国大陆家族企业中研究差序式领导对员工绩效的影响，可以更加准确地了解差序式领导和员工绩效之间的关系，同时也为后续探讨差序式领导对员工绩效的作用机制提供可能。

（2）本书揭开了差序式领导与员工绩效之间的"黑箱"，拓展和深化了差序式领导对员工绩效的作用机制研究。在验证家族企业差序式领导对员工绩效影响的基础上，基于差序式领导将员工分为自己人员工和外人员工两类，考虑员工异质性，考察心理授权及外群体偏爱的中介作用和个人成长需求产生的调节效应，全面解释差序式领导对员工绩效产生影响的作用机制，有利于深化对差序式领导与员工绩效之间关系的理论认识。

（3）研究个人成长需求的调节作用以及个人成长需求有调节的中介作用，有助于挖掘差序式领导有效性的作用边界。通过考察个人成长需求这一个性特征在差序式领导对员工绩效影响的中介作用机制中的调节效应，丰富了我们对差序式领导有效性发挥的认识和理解，有利于更全面系统地考察差序式领导对员工绩效影响的中介变量和调节变量的综合作用过程，从而深化对差序式领导发挥作用的边界条件的认识。

1.2.3.2　现实意义

鉴于差序格局对中国人的心理和行为的重要影响，研究普遍存在于中国文化情境下的差序式领导的有效性和影响具有十分重要的现实意义。本书从传统文化和中国管理实践入手了解中国领导者的理念、心理及影响历程，这不仅有利于中国管理学本土化的研究，而且对我国家族企业的绩效提升、可持续发展和永续经营具有重要的现实意义。

（1）为家族企业差序式领导者进一步调整优化领导风格提供实践指导。通过研究差序式领导对员工绩效的影响，可以引导领导者对其领导行为和领导风格做出相应的调整，对症下药，优化领导的领导方式，引导家族企业领导者充分发挥差序式领导的积极作用，调整不利于家族企业可持续发展的领导方式和思维方式。

（2）探讨差序式领导对自己人和外人员工绩效影响的不同中介作用机制，有助于家族企业中的领导者充分理解差序式领导提高员工绩效的作用路径，使其采取不同的策略和路径来提高员工的绩效水平，最大限度地发挥差序式领导对员工绩效提升的积极作用，提高员工整体绩效，从而提升组织整体绩效，这对家族企业的可持续发展具有重要现实意义。

（3）探讨个人成长需求对差序式领导影响员工绩效中介作用模型的调节效应，有利于优化家族企业人力资源管理实践。高成长需求的员工会表现出更高的绩效水平，即使被归类为外人员工也会要求自己不断成长、改变现状，获得较好的员工绩效。因此，领导者和人事部门负责人在招聘新员工的过程中应该优先选择那些具有高成长需求的新员工。

（4）优化中国大陆家族企业差序式领导者的领导方式，引导家族企业领导者采取有针对性的措施激励和提高员工绩效，优化家族企业治理模式，为提升家族企业组织绩效以及实现可持续发展提供重要的实践指导。

1.3 国内外文献回顾

1.3.1 差序式领导的相关研究

1.3.1.1 差序式领导的发展

杨国枢认为，根据文化适应性假设，当一种现象或行为在某一种文化下长期存在时，说明这种现象或行为可能具有很好的文化适应性优势。Smircich认为，人们的行为深深受到其所处的社会文化的影响。Hofstede认为，一个地区的领导方式也与其文化脉络密切相关。郑伯壎、姜定宇等的研究表明，差序式领导普遍存在于华人企业组织中，并且被认为是极具华人文化人治主义色彩的重要领导方式。因此，差序式领导的存在和发展必然是适应其所处文化情境的。想要了解华人企业中的领导方式，就必须立足差序式领导相关文化脉络的发展。

（1）差序格局

受儒家传统文化的影响，华人社会人与人之间的互动关系会依据亲疏远近有所不同，呈现差序格局的特征。人与人之间强调关系的社会取向。差序格局的概念最早由费孝通在经过长达十多年的中国乡村田野调查提出。传统的中国社会结构以自我为中心，具有同心圆波纹性质。同心圆波纹的中心就是自己，与别人的关系就是同心圆的波纹，一圈圈地向外扩散出去。愈接近同心圆的中心表示关系越亲近，愈远离同心圆的中心表示关系愈淡薄，由此便会形成一种差序。这种差序正是中国几千年来儒家思想里的"伦"。华人社会中人际关系的互动并非一视同仁，而是依据这种已外有别、亲近淡薄的法则进行。费孝通在半个多世纪前提出的差序格局理论对中国社会和人际关系具有很强的解释力，是理解中国社会人际关系格局的核心构念。虽然相较于传统乡土社会，当代中国社会已发生重大变迁，但作为一种深刻影响人们思维和行为的模式，差序格局具有深厚的文化根基。因此，无论是在传统中国社会还是在当代中国社会，在人际关系格局中差序性都具有一定的合理性。

（2）人情与面子模式

1985 年，黄光国延伸了差序格局的观点，根据社会交换理论，提出华人社会的人情与面子模式来说明儒家思想如何影响华人社会的人际互动，深入论述华人社会的差序格局现象和人际互动的原则。华人社会人际关系互动特别重视两种原则：需求法则和人情法则。人与人之间的关系主要考虑两种因素：情感性因素和工具性因素。可依据情感性因素和工具性因素的多寡划分不同的互动方式。情感性因素具有比较稳定坚固的情感基础，不会随时间轻易改变，在互动时以需求法则进行，形成情感性关系，就像处于差序格局同心圆中心地带的亲人等。工具性因素多以利益为导向。人们会为获取某些资源与陌生人建立关系，期望利益最大化。这种关系相对短暂且不稳定，在互动时以公平法则进行，形成工具性关系，就像处于差序格局同心圆外圈的陌生人。人们既考虑情感因素又考虑工具性因素，与不是陌生人的家庭外成员建立关系，并且预计这种关系会持续很久，在互动时以人情法则进行，形成混合性关系，就像处于差序格局同心圆内圈外与外圈内的成员。

1993 年，杨国枢提出关系决定论，深化了黄光国的人情与面子模式。他认为华人社会的人际关系会依据亲疏远近分为三类：家人关系、生人关系和熟人关系。不同的关系有不同的互动规范：家人关系以责任原则为互动规范，生人关系以利害原则为互动规范，熟人关系以人情原则为互动规范。关系决定论表明人际互动是以社会身份来界定自己与他人的互动规范的。

（3）信任格局

继差序格局这一理论提出后，陈介玄、高承恕以台湾中小企业为样本做了持续多年的走访和调查，提出了信任格局的概念。差序格局同心圆内圈的个体有较为熟悉和亲近的关系，很容易衍生出对对方的信任。这种人际信任并不受客观条件限制，而是要看对方是谁，由亲而信。这里所谓的亲，并不仅仅指血缘、姻缘，还可以扩大范围至组织成员之间的关系，如领导与下属之间的关系、员工与员工之间的关系等。

（4）员工归类模式

郑伯壎针对差序格局、人情与面子模式和信任格局进行研究评述，发现以上三个概念皆强调人际关系，都受关系格局的影响，也就是个人会根据他人与自己关系的亲疏远近产生不同的互动方式，而忽视了企业组织中是由静态研究差序格局视角下的人际关系构成的。郑伯壎通过临床观察研究发现，差序格局的文化价值观虽然对华人企业中的领导行为有深远的影响，但是企业经营有其特定的目标，企业的第一要义还是创造利润、维持其竞争优势。因此，传统静态的差序格局理论不能完整说明华人企业中的领导行为。他进而提出了员工归类模式理论，指出领导者会以亲（关系格局）、忠（忠诚格局）、才（才能格局）为标准，将直属下属归类为自己人部属和外人部属两类。领导者会依据部属的亲、忠、才对员工有所偏好，并且对不同的员工给予差别对待，初步提出差序式领导的概念。这种员工归类模式给出了在华人企业组织中领导者对员工差别对待和分类的依据。郑伯壎还对差序式领导进行了定义：领导者按照亲、忠、才的标准，将部属归类为自己人部属和外人部属，进而对自己人部属和外人部属产生有差别对待的领导行为；相对于外人部属，领导者会在资源分配和管理方式上给予自己人部属较多的偏私对待。

（5）差序式领导的进一步发展

在员工归类模式以及归类标准提出以后，姜定宇、张菀真提出差序式领导在提拔奖励、照顾沟通和宽容犯错三个方面表现出对自己人员工的偏私对待。Jiang 等沿用并拓展了姜定宇、张菀真对差序式领导的定义，进一步提出差序式领导在宽容过错、信任咨询、提拔奖励和私交甚笃四个方面表现出对自己人员工的偏私对待；在疏远防备、互动冷漠和苛责刁难三个方面表现出对外人员工的偏恶对待；在高度期许方面表现出对自己人员工的严厉。虽然在实证研究中姜定宇、张菀真划分的三维度得到了最广泛的应用，但是也有学者发现了一些问题，例如陈献喜发现题项与维度之间相关性过高、不易区分。随后，Jiang 等将差序式领导扩展为对自己人偏私对待、对外人偏恶对待以及对自己人严厉三方面，这种划分与姜定宇、张菀真的划分具有不同视角。郑伯埙认为员工对领导的依赖可以分为工作依赖和情感依赖。工作依赖是指对完成工作、绩效奖赏等需要的物质资源的依赖；情感依赖是指部属寻求领导社会和情感支持等精神资源的依赖。Wilson 等也指出，领导对员工的不同对待主要体现在领导对组织中资源的分配上。谢佩儒根据郑伯埙提出来的差序式领导对员工的差别对待主要体现在资源分配的观点，从偏私对待的角度对差序式领导的维度重新划分，并依据资源理论和资源分配理论，认为差序式领导表现为领导对其偏好的自己人员工在工作资源和情感资源上给予偏私对待，因此差序式领导可以分为工作型差序式领导与情感型差序式领导。这一划分与姜定宇、张菀真的划分在偏私对待的视角上是相同的，但是较之具有更坚实的理论基础。

（6）差序式领导与领导成员交换的异同

西方文化情境下发展出来的领导成员交换（leader-member exchange，LME）与差序式领导虽然表面上看起来有些相似，但其实存在很多差异，因此有必要对领导成员交换与差序式领导的差异进行说明。领导成员交换中，员工会依据社会交换品质形成内团体和外团体，那些与领导具有良好交换品质的内团体员工与领导的关系更亲密，彼此相互信任，领导亦会给其较多的资源；而那些与领导具有较差交换品质的外团体员工与领导的关系就仅仅是工作契约确定的双方关系，不会获得额外支持，仅仅承担角色内责任。差序式领导也是将员工分为自己人和外人，并且给予自己人更多的偏私对待。可以看出，领导成员交换与差序式领导两者都没有一视同仁地对待员工，都是领导对不同员工展现差异对待的领导方式。两者表面看起来相似，但其实在本质上有很大的差异，不能混为一谈。两者的不同点见表 1.1。

表 1.1　差序式领导与领导成员交换的不同点

不同点	差序式领导（DL）	领导成员交换（LME）
文化背景	权力距离较大、人治主义、领导与员工之间上尊下卑的关系	权力距离较小、法治、人与人之间的关系平等
理论基础	关系取向、差序格局、员工分类理论	角色形塑理论
归类标准	员工与自己关系的亲疏远近、对自己的忠诚度以及员工的能力（亲、忠、才）	员工的能力、工作互动和价值取向
差别对待的表现	不仅仅局限于工作关系的照顾还会表现出对自己人员工情感上的亲密、照顾和信任，并且私下与自己人员工有更多的交流和互动	仅仅表现出工作关系上的信任和支持
提高效能的方式	通过对自己人员工的偏私对待提高员工效能，对外人员工的偏私对待激励其成为自己人员工而努力提高效能	领导通过与内团体员工建立良好的交换品质，提高员工效能

注：本表格通过搜集文献资料整理获得。

因此，西方文化背景下的领导成员交换理论与华人文化背景下的差序式领导在本质上是完全不同的，在探讨华人企业组织中的差别对待领导方式时，差序式领导更具有文化适应性。

1.3.1.2　差序式领导的维度相关研究

姜定宇、张菀真通过演绎的方法发展出差序式领导量表，差序式领导对自己人员工的偏私对待主要包括照顾沟通、提拔奖励和宽容犯错三维度。后来 Jiang 等进一步丰富了差序式领导的测量量表，认为自己人员工单方面受到偏私对待，也要承担相应的责任，因此提出差序式领导应该包含对自己人员工偏私、对自己人员工严厉和对外人员工偏恶三维度。谢佩儒基于郑伯埙提出的差序式领导概念，并依据资源理论和资源分配法则，将差序式领导分为工作型差序式领导与情感型差序式领导两维度。谢佩儒根据差序式领导概念的内涵，基于资源分配理论编制的差序式领导的量表具有一定的理论基础。此外，谢佩儒与姜定宇、张菀真编制的差序式领导量表都是从差序式领导的偏私对待这一相同视角出发的，只是在偏私对待具体表现上有所差异。谢佩儒认为差序式领导对自己人员工的偏私对待主要表现在照顾沟通、提拔奖励和宽容犯错三方面；姜定宇、张菀真认为差序式领导对自己人员工的偏私主要表现为工作型资源和情感型资源的偏私对待。由于差序式领导的研究尚处于初步阶段，目前尚未有研究验证谢佩儒开发的差序式领导两维度量表，因此，本书拟在前述研究基础上，结合中国大陆家族企业特点，对该量表进行验证和修正，以进一步丰富差序式领导的内涵界定及其测量。

1.3.1.3 差序式领导结果变量的相关研究

姜定宇、张菀真以中国台湾地区企业员工为调查对象，最先研究差序式领导与部属效能和部属态度的关系，在控制了家长式领导的影响后，差序式领导与员工忠诚和员工效能存在显著的正相关关系。陈献喜以中国台湾地区、马来西亚和新加坡华人地区企业员工为调查对象，发现差序式领导并不会增加员工的离职倾向，反而会增加员工的组织公平感知，进而降低员工的离职倾向。王磊通过实证检验证明了差序式领导有利于提升员工个体效能，降低员工的离职倾向，其中员工效能包括员工个人的工作绩效、员工的利他人行为和对主管的忠诚度。高昂研究发现差序式领导对员工建言行为有积极影响。陶厚永、章娟和李玲定性论述了差序式领导的偏私行为会诱使下属产生效忠心理，强化群体内认同和心理授权，从而激励下属积极从事利同事（关系绩效）和利组织（组织绩效）的行为。Wang 等实证检验并证明了差序式领导可以降低员工的离职倾向。袁凌、李静和李健以中国大陆企业为研究对象，发现差序式领导有利于促进员工创新行为，证明了差序式领导的有效性。郭柏成研究发现差序式领导有利于提高员工的角色外绩效（利同事行为和工作尽责行为）。杨皖苏、赵天滋和杨善林研究发现差序式领导有利于提高员工的自我效能感，减少员工沉默行为。王弘钰、邹纯龙和崔智淞以企业技术研发和生产制造部门中的员工为研究对象，发现差序式领导可以诱发员工的越轨创新行为。李晓玉等研究表明差序式领导对员工建言行为有正向预测作用，内部人身份感知和组织承诺在其中发挥并列中介作用。赵金金研究发现差序式领导对建设性越轨创新行为有显著正向影响。刘文彬、唐超和唐杰研究发现差序式领导对反正产行为具有负向作用。吴士健、高文超和权英研究发现差序式领导有利于员工创造力的发挥，员工自我效能感发挥部分中介作用，中庸思维在上述中介作用过程中起调节作用。陈晓暾等认为差序式领导通过组织自尊和工作重塑的链式中介作用正向影响员工职业成长。也有研究发现差序式领导对员工绩效没有显著影响，或存在负相关关系。例如，Zhou 等以中国珠三角地区的高新技术企业中的研发团队为研究对象，发现差序式领导会降低研发团队的研发绩效。林英晖、程垦首次明确将圈内人和圈外人区别开来研究差序式领导的影响，发现差序式领导会导致员工亲组织非伦理行为，阻碍企业的长远发展。Wu 等研究发现差序式领导对员工创新行为具有双刃剑效应。于永达和薛莹基于信息加工理论，发现差序式领导会损害员工心理安全感，从而引发员工知识隐藏行为。苏涛等通过对 47 个独立实证研究（16592 个样本）的元分析发现差序式领导具有双面效应，差序式领导对下属工作态度，以及职场主动行为、创新、工作绩效具有促进作用，但也会导致下属产生职场非伦理行为，且对下属创新和职场非伦理行为的影响尤为突出。可以看出，国内外学者对差序式领导与员工结果变量相关关系的研究仍存在较多争议，而员工绩效作为重要的员工结果变量之一，对家族企业整体绩效的提升以及可持续发展意义重大，因此有必要进一步厘清差序式领导与员工绩效之间的关系，以全面评估差序式领导的作用。

1.3.1.4 差序式领导对员工结果变量的作用机制研究

在了解了差序式领导对员工结果变量的影响后，差序式领导是如何影响员工结果变量的这一问题就显得尤为重要。因此，在对差序式领导有效性进行研究后，学者们也着手挖掘差序式领导影响员工结果变量的作用机制，包括中介作用和调节作用。

姜定宇、张菀真研究发现：在高权力距离情况下，差序式领导与员工感知组织公平之间具有正向关系；在低权力距离情况下，差序式领导与组织公平之间具有负向关系。权力距离对差序式领导与组织公平之间的关系有调节作用。颜于婷研究了差序式领导对组织公平、员工满意度和离职意愿的影响，并且检验了员工情绪智力的调节作用，发现员工情绪智力在宽容犯错与离职倾向之间发挥负向调节作用。员工情绪智力越高，越会削弱差序式领导与员工离职倾向之间的负向关系。林英晖、程垦研究了领导组织代表性和员工集体主义倾向对差序式领导与员工亲组织非伦理行为的调节作用。相对于圈内人而言，高领导组织代表性对差序式领导与圈外人亲组织非伦理行为之间的关系的调节作用更强；无论是圈内人还是圈外人，员工集体主义倾向都正向调节差序式领导与员工亲组织非伦理行为的关系。袁凌、李静和李健以中国大陆企业为研究对象，发现差序式领导通过提高员工工作投入进而影响其创新行为。杨皖苏、赵天滋和杨善林研究发现差序式领导可以提高员工的自我效能感，从而有利于减少员工沉默行为。王弘钰、邹纯龙和崔智淞以企业技术研发和生产制造部门中的员工为研究对象，发现差序式领导可以诱发员工的越轨创新行为，员工的心理特权在差序式领导与员工越轨创新行为之间起部分中介作用。王磊根据 Zhou & Shalley 的研究成果，从动机、认知和情感三个历程理论探讨了差序式领导影响员工及团队创造力的作用路径，认为差序式领导会通过引发员工报恩的内在动机影响员工的创造力水平；差序式领导能够激发员工关于创新自我效能感的认知，影响员工的创造力水平；差序式领导的偏私对待会在情感上通过提高自己人员工的满意度影响其创造力水平，同时对外人员工创造力水平的影响呈倒 U 形关系。该项研究初步表明差序式领导对不同归类员工创造力的影响路径并不一样，并进一步研究了领导者的归类偏好和员工的个人成长需求对差序式领导和员工创造力的调节效果。

综上所述，差序式领导的研究起步较晚，研究尚不充分，但是也积累了大量的实证研究文献。目前对差序式领导的相关研究主要聚焦在两个方面。第一，研究差序式领导的结果变量。虽然绝大多数文献证明了差序式领导对员工结果变量有积极作用，但是有部分研究发现差序式领导可能会带来消极作用。第二，大多都聚焦在探讨差序式领导与员工结果变量的调节作用机制的研究，对差序式领导对结果变量影响的中介作用机制的探讨并不充分，而且忽略了差序式领导对员工进行分类的特性，将员工看作同质的。徐玮伶指出，差序式领导对于自己人部属和外人部属的影响历程是不同的。王磊建立了一个理论模型来分别探讨对自己人和外人员工创造力影响的不同机制，但是并没有进行实证检验。目前尚未有文献从员工异质性视角探讨差序式领导对员工绩效影响的不同中介作用机制。因此，本书基于这一研究间隙，探讨差序式领导对自己人和外人员工绩效影响的不同中介作用机制。

1.3.2　心理授权的相关研究

1.3.2.1　心理授权的维度相关研究

学者们对于心理授权的维度的划分经历了从单一维度到四维度的发展过程。

（1）一维度。Conger & Kanungo 认为通过内在激励，员工不仅被赋予了权利，同时内在信念也发生变化，自我效能和成就感得到很大提升。因此，他认为心理授权是自我效能的单维度概念。

（2）二维度。Hales & Klidas 将心理授权划分为两维度：发言权和选择权。

（3）三维度。Klakovich 将心理授权划分为拥有权、互动性及共同参与三个层面。Fulford & Enz 认为心理授权的三维结构是工作意义、自我效能及个人影响力。Menon 认为心理授权应该分为控制的认知、胜任感、目标内化三个维度。

（4）四维度。Thomas & Velthouse 认为心理授权包括意义、能力、选择和影响力四个维度。Spreitzer 利用自主性替换 Thomas & Velthouse 提出来的选择维度，将心理授权分为工作意义、自我效能、自主性和影响力四个维度。李超平等根据 Spreitzer 的研究成果在中国情境下对心理授权的维度进行验证和修订，验证了心理授权包括工作意义、自我效能、自主性和工作影响四个维度。本书将使用李超平等修订的心理授权的四维度量表。

1.3.2.2 心理授权的影响因素研究

通过梳理国内外关于心理授权文献，可以把心理授权前因变量的研究大致分为个体因素和组织因素两个大类。

（1）个体因素。Thomas & Velthouse 强调个体差异影响心理授权感知。具体来说，个体因素差异又可以细分为个体的人口统计学特征和个体性格特征两方面。首先，人口统计学特征方面。Speitzer 和 Koberg 等研究发现，除了教育水平与心理授权正相关，其他人口统计学特征对心理授权没有显著影响。雷巧玲、赵更申以中国知识型员工为研究对象，发现年龄与心理授权正相关，学历与心理授权正相关，性别和婚姻对心理授权有显著影响（男性比女性心理授权高，已婚比未婚心理授权高）。Seibert，Wang & Courtright 通过对 2010 年 7 月前心理授权相关文献的元分析发现，个体的人口统计学特征对心理授权产生显著的影响。具体来说，个体的年龄、工作任期与心理授权正相关。年龄越大、工作任期越长，一个人的心理授权水平就越高。但是性别和职位高低对心理授权并不存在显著性影响。其次，个体性格特征方面。Conger & Kanungo 认为，个体性格方面的差异对心理授权影响也很大。Spreitzer 实证检验了自尊和内控性性格两个个性特征对心理授权的影响，发现自尊对心理授权有显著影响，但是内控性性格对心理授权没有影响。Fuller 等和 Koberg 等研究发现内控性性格与心理授权正相关。Seibert，Wang & Courtright 将内控性性格、自尊、自我效能感以及情绪稳定四个性格特性合成为积极的自我评价，并发现积极自我评价特性与心理授权正相关。

（2）组织因素。组织因素又可以细分为组织领导风格和组织环境两方面。一是组织领导风格。Spreitzer 论述了领导者的支持和信任对一个人的心理授权影响很大。一般来说，积极的领导行为会增加下属心理授权的感知。具体而言，变革型领导、魅力型领导、领导-成员交换、授权型领导、差异性变革型领导等都有利于提高员工的心理授权感知。集权程度高的领导会对心理授权产生不利影响。李珲、丁刚和李新建研究了家长式领导对心理授权的影响，发现仁慈领导和德行领导与心理授权正相关，威权领导与心理授权负相关。夏绪梅和纪晓阳探讨了中国文化背景下辱虐性领导与心理授权负相关。二是组织环境。大量研究发现，心理授权也会受到组织环境的影响。刘云和石金涛以中国企业中的员工为研究对象，发现组织创新氛围（组织支持和同事支持）越积极，越有利于提高员工的心理授权。佟丽君和吕娜研究发现组织公正的工作氛围与员工心理授权正相关。Seibert，Wang & Courtright 通过一项元分析发现高绩效管理实践、社会政治支持、领导风格和工作特征等组织情境因素与心理授权高度相关。颜爱民和陈丽研究发现高绩效工作系统对员工心理授权产生正向影响。

1.3.2.3 心理授权的结果变量相关研究

通过以往对心理授权结果变量研究的相关文献可以发现，员工心理授权水平可以影响与组织工作相关的因素。当个人感到被赋权时，他就产生了"可以做"的态度和心理感知，从而强化个人效能感。以往研究已经证明了心理授权的积极作用：一方面，心理授权有利于提高员工工作绩效、组织公民行为、创新行为、建言行为、知识分享等行为结果变量；另一方面，心理授权有利于提高员工组织承诺、工作满意度等员工态度结果变量并减少员工离职倾向。

（1）态度结果变量。Avolio 等以新加坡公立医院护士为研究对象，发现心理授权有利于提高护士的组织承诺。Aryee & Chen 研究发现心理授权能够提高员工工作满意度。李超平、田宝和时勘研究发现心理授权有利于提高员工满意度和员工的组织承诺。Barroso Castro 等以一家跨国食品饮料公司的西班牙分公司员工为研究对象，发现心理授权可以提高员工工作满意度和员工的组织情感承诺。Seibert，Wang & Courtright 通过对心理授权前因结果变量的元分析发现，心理授权与工作满意度、组织承诺正相关，心理授权与员工压力和离职倾向负相关。Bhatnagar 研究发现心理授权有利于减少员工的离职倾向。郑晓明和刘鑫研究发现心理授权有利于提高员工幸福感。Aydogmus 等以高校研究人员为研究样本，发现心理授权有利于提高高校研究人员的工作满意度。

（2）行为结果变量。刘云和石金涛发现心理授权有利于提高企业员工的创新行为。佟丽君和吕娜发现心理授权有利于提高员工的建言行为。Hechanova，Alampay & Franco 研究表明心理授权与工作绩效正相关。刘云和石金涛发现心理授权有利于提高企业员工的创新行为。Chiang & Hsieh 以中国台湾酒店员工为研究对象，认为鼓励员工实施组织公民行为对于酒店发展至关重要，心理授权有利于提高酒店员工的组织公民行为，组织公民行为在一定程度上提高了员工的工作绩效。王顺江、陈荣和郑小平以中国石化企业员工为研究对象，实证研究表明心理授权有利于提高员工的工作绩效。Dust，Resick & Mawritz 通过 136 对领导—员工配对样本的研究发现，心理授权与员工任务绩效正相关，并且心理授权与员工个体层面和组织层面的组织公民行为正相关。颜爱民和陈丽研究发现心理授权有利于提高员工的角色内行为和角色外行为。Kang，Lee & Kim 研究发现心理授权有利于提高员工知识分享行为。Guerrero 等以一线员工为研究对象，发现心理授权有利于提高员工角色内绩效。

1.3.2.4　心理授权的中介作用机制研究

动机是一种重要的心理机制，通过这种机制，领导者的领导行为可以促进员工个体工作绩效的提升。心理授权在许多组织因素与员工行为和结果变量之间发挥重要的动机作用，其机制得到了国内外学者的广泛证明。陈永霞等研究发现心理授权在变革型领导与员工组织承诺之间发挥完全中介作用。Javed 等以巴基斯坦酒店员工为研究对象，通过收集领导—员工配对数据，发现伦理型领导有利于提高员工的创新行为，心理授权起到中介作用。孔茗、袁悦和钱小军研究表明心理授权在领导成员喜欢一致性与员工工作投入之间发挥中介作用。吴志明和武欣研究表明，在高科技企业中，变革型领导通过提高员工心理授权对员工的组织公民行为产生影响。吴敏、刘主军和吴继红以中国民营企业中的领导者和员工为被试，实证研究表明心理授权在变革型领导与员工角色内绩效和角色外绩效的关系中发挥中介作用机制。杨春江、蔡迎春和侯红旭通过收集领导—员工配对数据，发现心理授权完全中介了变革型领导对员工角色外绩效的影响。Joo & Jo 以韩国一家大型公司员工为研究对象，发现心理授权在真诚领导与员工组织公民行为之间发挥部分中介作用。

综上所述，心理授权已经得到国内外学者的广泛研究。他们不仅研究了心理授权的影响因素及其作用结果，也研究了心理授权的中介作用机制。以往研究已经验证了领导行为与心理授权的关系，但大多是基于西方文化背景提出来的，对于华人文化背景下特有的差序式领导风格与心理授权的研究阙如，更遑论研究心理授权在差序式领导与员工绩效之间的中介作用机制。

1.3.3 外群体偏爱的相关研究

1.3.3.1 外群体偏爱测量的相关研究

群体态度通常包含内隐的群体态度和外显的群体态度。因此，对群体态度的测量有直接测量和间接测量两种方法。直接测量包含投射法、问卷调查法和有意记忆法。其中，投射法最典型的应用就是 Clark 等利用情境创设开展的洋娃娃实验。Blasi & Jost 通过刻板印象问卷调查的方法研究了群体认同，发现非裔美国人比欧裔美国人更认同对非裔美国人的消极评价。Averhart & Bigler 通过有意记忆实验，首先让黑人和白人被试对有关黑人和白人特质的词进行记忆，然后让被试回忆，发现黑人回忆的与白人相关的积极特质词更多。间接测量主要是使用 Greenwald，McGhee & Schwartz 编制的内隐联想测验（implicit association test，IAT）来间接测验被试的群体态度。内隐联想测验主要借助计算机通过测量概念词和属性词之间的自动联系紧密程度，以被试反应时间为指标，测量内隐的群体态度。当概念词与属性词组合与被试的内隐态度一致时，被试反应时间就会变短；当概念词与属性词的组合与被试内隐态度不一致时，被试反应时间就会变长。间接测量在一定程度上控制了社会期许等因素造成的测量结果不准确的偏差。上述群体态度的研究方法大多用于研究由种族问题导致的低地位群体和高地位群体的种群态度。种族是一种自然形成的、不可改变的群体，而本书中的自己人和外人群体并不是自然形成的，这两个群体之间的边界并不是一成不变的，而是可动态归类的、可渗透的。考虑到研究的可行性和研究的目的，本书将使用直接测量的方法，根据外群体偏爱的内涵开发题项来测量外群体偏爱。

1.3.3.2 外群体偏爱存在性的相关研究

以往研究普遍认为处于某一社会群体中的成员会支持他所在的群体。然而，近年来，越来越多的研究对此提出疑问，认为个体也会表现出外群体偏爱，并且优势群体不存在外群体偏爱，仅存在内群体偏爱，而弱势群体对优势群体产生外群体偏爱的概率为85%。国内外学者也发现外群体偏爱效应普遍存在于低地位群体中。外群体偏爱最著名的实验就是 Clark 等的洋娃娃实验。该实验是让黑人儿童在白人洋娃娃和黑人洋娃娃之间选择。在知道自己种族的情况下，仍然有半数以上的黑人儿童会选择白人洋娃娃，而不选择黑人洋娃娃，并且对白人洋娃娃的评价更好。洋娃娃实验得到了 Banks 等的重复验证。学者们因此得出结论：黑人儿童对自己所属群体不满，从而心理上更偏爱外群体。个体的社会地位会影响其内群体感知。一个群体的相对权力不仅影响群体成员的感知，而且会影响群体成员对其他群体的感知。Rudman & Kilianski 研究表明，性别会影响外群体认同和社会地位的感知。虽然女性更偏爱自己所在的女性群体，但是在领导偏好上，女性更偏好男性领导。Jost，Pelham & Carvallo 研究表明，那些声誉低的学校的学生更偏爱那些声誉高的学校的学生，并且认为声誉高的学校的学生更加聪明。大量研究表明，外群体偏爱较多发生在低地位群体中。群体地位与外群体偏爱密切相关，个体所在的群体地位越低，就会表现出越高水平的外群体偏爱。Wright，Taylor & Moghaddam 指出，在资源不均等分配的情况下，容易派生出优势群体（高阶层群体）和弱势群体（低阶层群体）。差序式领导根据领导与员工的关系、员工的忠诚以及员工的能力将员工分为自己人员工和外人员工，并且在管理方式和资源分配上给予自己人员工和外人员工差别对待。相对于外人员工，领导会在工作型资源和情感型资源上给予自己人员工偏私对待。这亦是一种资源的不均等分配。员工也会根据自己的感知产生自己人和外人的身份认同。由于自己人员工得到了更多的信任和资源分配，而外人员工得到的资源少，因此差序式领导的自己人群体可以被界定为"优势群体"或"高地位群体"，外人群体可以被界定为"劣势群体"或"低地位群体"。外人群体的劣势地位使他们在很大程度上对自己人群体产生外群体偏爱。

1.3.3.3　外群体偏爱的结果相关研究

现有研究已经从实验和理论上表明低地位群体对高地位群体外群体存在偏爱现象，但是只有少数学者关注外群体偏爱产生的后果和影响。例如，Ashburn-Nardo 等的研究表明美国黑人会表现出对白人的内隐的外群体偏爱，这种外群体偏爱会导致他们表现出沮丧、抑郁和不健康的心理。由于增强自我与接受社会不平等的合理化之间存在冲突，因此低地位群体的外群体偏爱会导致低地位群体成员的消极心理和态度。国内外关于外群体偏爱的研究大多基于种族、性别等因素区分优势和弱势群体，导致这些群体的边界具有不可渗透性，这与差序式领导中的"优势群体（高地位群体）"和"劣势群体（低地位群体）"的分类标准完全不同。差序式领导通过领导分配资源的多寡划分自己人群体为高地位群体、外人群体为低地位群体，从而探讨由此产生的外群体偏爱。这两个群体之间的边界并不是一成不变的，而是可动态归类的、可渗透的。由于目前研究外群体偏爱的影响和结果变量的文献较少，因此更有必要研究差序式领导下的外人群体员工的外群体偏爱的影响和结果。

1.3.4　员工绩效的相关研究

1.3.4.1　员工绩效的维度

随着对员工绩效概念定义的发展和变化，员工绩效的类别和维度划分也在不断演变。早期的学者将员工绩效看作单一维度的概念，认为员工绩效仅仅是任务完成的情况。后来受到心理学研究的影响，很多学者提出一个组织中若员工只完成角色内绩效，对于组织的长远发展来说是稍显不足的。组织中员工的自发性能展现非正式的贡献，给组织带来更大收益。此外，组织中的任何设计都不可能是完美的，因此员工工作说明书也很难做到面面俱到，这就需要用员工角色外绩效来弥补这些缺陷，优化组织效能。Katz & Kahn 根据角色行为理论（role behavior theory），将员工绩效分为角色内绩效（in-role behavior）和角色外绩效（ex-role behavior）两类。角色内绩效是指组织正式体制下所规范的员工行为，员工根据组织规范设定的任务工作，并据此进行绩效评估。角色外绩效是非组织正式规范的员工行为，超过组织正式规范的内容，超越本职工作角色。Katz & Kahn 认为，凡是有助于主管、同事的行为，以及维护组织利益等的行为都属于角色外绩效。随后，Borman & Motowidlo 将员工绩效分为任务绩效（task performance）和情境绩效（contextual performance）。其中，任务绩效是指员工工作范围以内工作表现的熟练程度，与角色内行为类似；情境绩效是员工工作范围以外但是对组织有积极贡献的工作的熟练程度，与角色外行为类似。Van Scotter & Motowidle 认为情境绩效可以再分为工作奉献和人际促进，因此可将员工绩效分为任务绩效、工作奉献和人际促进。Tsui 等将员工绩效分为任务绩效、组织公民行为（organizational citizenship behavior，OCB）。韩翼和廖建桥将员工绩效分为任务绩效、关系绩效、创新绩效和学习绩效。

Henderson 等研究认为，角色内绩效和角色外绩效的划分可以较全面地反映员工绩效的主要内容，符合管理实践。很多学者在员工绩效的实证研究中采用这种绩效划分方法。本书综合使用 Katz & Kahn、Tsui 等以及 Farth，Zhong & Organ 的研究成果，将员工绩效分为角色内绩效和角色外绩效。

1.3.4.2　员工绩效的影响因素

员工绩效作为组织行为研究和领导有效性研究中最重要的结果变量和预测指标之一，得到了国内外学者的广泛研究。他们除了研究员工绩效的内涵和维度测量，还研究员工绩效的影响因素。员工绩效的影响因素主要集中于员工个人因素和组织因素两类。

（1）个人因素。Stajkovic & Luthans 研究发现，员工自我效能感与工作绩效正相关。苏方国和赵曙明证明了员工组织承诺与员工组织公民行为正相关。仲理峰通过实证研究证明了员工的希望、乐观和坚韧性三种积极的心理状态与员工绩效和组织公民行为正相关。Ng & Feldman 通过使用元分析技术研究年龄与十种不同的工作效能之间的关系，发现年龄与任务绩效没有关系，但是与组织公民行为正相关。Gilboa 等研究发现个体压力与工作绩效负相关。Rich，Lepine & Crawford 以 245 名消防员为研究对象，研究了个体在身体、认知和情感精力的工作投入与消防员的任务绩效和组织公民行为正相关。Ford 等通过元分析发现个人心理健康状况对工作绩效产生很大影响，如焦虑与工作绩效负相关，倦怠与工作绩效负相关，幸福快乐与工作绩效正相关。Bakker，Tims & Derks 探讨了主动性人格对员工工作参与度和工作表现的影响，实证研究结果显示主动性人格有助于提高员工的角色内行为。古银华、苏勇和李海东研究发现员工的积极情绪与员工任务绩效正相关。侯烜方和卢福财以新生代员工为研究对象，发现新生代员工的工作价值观与员工的角色内行为和角色外行为显著正相关，并且员工的内在动机在工作价值观与员工角色内行为之间起部分中介作用。

（2）组织因素。Walumbwa，Hartnell & Oke 研究发现仆人式领导与组织公民行为正相关，程序公平氛围和服务氛围的中介作用可提高员工的组织公民行为。Walumbwa 等基于社会交换理论、社会学习理论和社会认同理论，以中国企业 72 个领导及其 201 个员工为研究对象，发现伦理型领导与员工任务绩效正相关，领导成员交换、自我效能感和员工组织承诺的中介作用可提高员工的任务绩效。Wang 等通过对变革型领导与员工绩效的 113 项研究中的 117 个独立样本量的元分析，发现变革型领导与员工任务绩效（即角色内绩效）、情境绩效（即角色外绩效）和创新绩效正相关，同时对情境绩效的影响大于对任务绩效的影响。杨春江、蔡迎春和侯红旭以中国华北企业员工为研究对象，发现变革型领导提高了员工的心理授权，并且心理授权与员工组织公民行为正相关，心理授权在变革型领导与员工组织公民行为之间起完全中介作用。Dulebohn 等通过对领导成员交换的前因和结果变量的一项元分析，发现领导成员交换与员工角色外行为、员工工作绩效正相关。Schyns & Schilling 通过对 57 项破坏性领导的独立研究进行元分析，发现破坏性领导与员工绩效负相关。Chen 等以社会交换理论为基础，以 27 家中国台湾公司 601 个领导—员工配对为样本，研究了家长式领导与员工绩效的关系，结果表明家长式领导的仁慈领导和德行领导与员工角色内绩效和角色外绩效正相关，家长式领导的威权领导与员工绩效负相关。颜爱民和裴聪以资源保存理论、社会交换理论为基础，以中国中南地区企业员工为研究对象，表明辱虐管理与员工任务绩效和周边绩效负相关。古银华、苏勇和李海东研究发现，包容型领导与员工任务绩效正相关。陈璐、瞿鑫和杨百寅研究发现，自恋型领导会引发员工的沉默行为，从而降低员工的工作绩效。苗仁涛、孙健敏和刘军以中小企业员工为研究样本，发现组织支持感知和组织公平有利于提高员工组织公民行为。张四龙和李明生研究了组织道德氛围对员工组织公民行为的影响，表明关爱型道德氛围和规则型道德氛围与员工组织公民行为正相关。

1.3.5　差序式领导与心理授权的相关研究

在心理授权的前因变量研究中，学界几乎一致认为领导方式与心理授权关系非常密切。Conger，Kanungo & Menon 研究表明，变革型领导通过流露出对员工高绩效的信心来提高员工的心理授权感知，这种来自领导的信心能鼓舞员工并提高其自我效能感和对工作意义的感知。真诚型领导风格可以提高员工在决策中的自主性感知，激发员工自我成长和发展的动力，提高员工的心理授权。也有为数不多的学者关注了差序式领导对员工心理授权的影响。刘晓琴认为差序式领导可以通过照顾和沟通为员工创造轻松的工作环境，通过提拔和奖励提高员工工作积极性，通过宽容和信任激发员工创造力，从而提出差序式领导能够提高员工心理授权，但是没有做进一步的实证检验。杨皖苏、赵天滋和杨善林的实证研究证明差序式领导有利于提高员工的自我效能感。由于自我效能感是心理授权的一个重要组成维度，因此部分证明了差序式领导可以提高员工的心理授权。Mok 等以医院护士为研究样本，发现来自上级的支持、鼓励、信息、报酬以及提供的发展机会有利于提高护士的心理授权感知。本书认为，差序式领导给予自己人员工工作资源和情感资源上的支持和鼓励，为自己人员工工作的开展提供更多机会，让自己人员工相信自己具备足够的资源、能力去完成自己的工作，从而激发自己人员工的自我效能感，提升其工作绩效和活力；差序式领导给予自己人员工更多的决策权，从而提高自己人员工对工作自主性的感知；领导与自己人员工相互信赖，同时分配给自己人员工较为核心的职位，赋予自己人员工更多的责任，使自己人员工感知到自己的工作对团队战略、管理和结果具有重要影响。因此，对自己人员工来说，差序式领导在工作资源和情感资源给予自己人员工偏私对待可以提高自己人员工的心理授权。

1.3.6　心理授权与员工绩效的相关研究

Koberg 等以医院工作人员为研究样本，发现可以依据医院工作人员的心理授权水平预测他们的工作绩效。Aryee & Chen 以中国广东上市公司为研究样本，发现心理授权与员工任务绩效正相关。Hechanova, Alampay & Franco 研究表明心理授权与工作绩效正相关。Chiang & Hsieh 以中国台湾酒店员工为研究对象，认为鼓励员工实施组织公民行为对于酒店发展至关重要，心理授权有利于提高酒店员工的组织公民行为，组织公民行为在一定程度上提高了员工的工作绩效。王顺江、陈荣和郑小平以中国石化企业员工为研究对象，表明心理授权有利于提高员工的工作绩效。Dust, Resick & Mawritz 通过 136 对领导—员工配对样本的研究发现，心理授权与员工任务绩效正相关，并且心理授权与员工个体层面和组织层面的组织公民行为正相关。颜爱民和陈丽研究发现心理授权有利于提高员工的角色内行为以及角色外行为。Guerrero 等以一线员工为研究对象，发现心理授权有利于提高员工角色内绩效。Seibert, Wang & Courtright 对心理授权前因变量和结果变量的一项元分析发现：心理授权与工作绩效的相关系数为 0.36（$p<0.01$）；心理授权与组织公民行为（角色外绩效）的相关系数为 0.38（$p<0.01$）。

1.3.7　差序式领导与外群体偏爱的相关研究

大量研究已经表明外群体偏爱尤其发生在低地位群体中。群体地位与外群体偏爱密切相关，个体所在的群体地位越低，越会表现出更高水平的外群体偏爱。共识性歧视（cosensual discrimination）认为，当所有群体都对群体地位和看法有一致认知时，每个群体都对群际关系感知正确，即高地位群体对其所在群体表现出内群体偏爱，并且高地位群体和低地位群体都认可低地位群体的劣势，低地位群体对高地位群体产生偏爱。外群体偏爱发生的原因之一是弱势群体成员对受到的群体并不认同，但是能容忍其受到的不公平待遇，从而产生对高地位群体的偏爱。共识性歧视很好地诠释了低地位群体的外群体偏爱现象。虽然目前没有文献研究差序式领导对外群体偏爱的影响，但是Wright，Taylor & Moghaddam 指出，在资源不均等分配的情况下，容易派生出优势群体（高地位群体）和弱势群体（低地位群体）。差序式领导在工作资源和情感资源上给予自己人员工偏私对待，亦是一种资源的不均等分配。这使得自己人员工得到更多的信任和资源，因此在团队中被界定为"高地位群体"；外人员工则相反，因此被界定为"低地位群体"。自己人群体和外人群体都能感知到自己人群体处于优势地位，外人群体处于劣势地位。根据共识性歧视，自己人群体更偏爱自己人群体，外人群体由于处于不利地位而对自己人群体产生一定程度的外群体偏爱。

1.3.8 外群体偏爱与员工绩效的相关研究

目前只有少量研究探讨了外群体偏爱的影响和结果，而且并没有文献直接研究外群体偏爱与员工绩效之间的关系。Ashburn-Nardo 等研究发现黑人表现出对白人的外群体偏爱，从而引发他们不健康的心理。造成这种结果的原因是黑人不可能变成白人，也无法改变由种族造成的群体分类。根据社会认同理论，群体关系结构影响低地位群体中个体的策略选择和行为。当个体感知到群体边界具有不可渗透性，即个体不可能改变自己从属的群体，如种族、性别等先天形成的群体时，他会产生无助感。当个体感知到群体边界具有可渗透特性，即个体可以改变自己从属的群体，可以向高阶层群体流动时，他就会积极采取措施，通过提高自身的地位获取更积极的身份。Von Hippel 研究发现临时工群体对正式员工群体表现出外群体偏爱，并努力寻找机会成为正式员工的一员。差序式领导根据领导与员工的关系（亲）、忠诚度（忠）和才能（才）划分自己人群体和外人群体。亲、忠、才的划分标准在中国文化情境下是合情合理的，群体地位也相对合理，因此外人员工的外群体偏爱与其他文化下的外群体偏爱有很大的不同。对于外人群体来说，只要他们通过一定的努力，就有可能改变自己现在所从属的群体，因此自己人群体和外人员工群体的边界具有可渗透性。根据社会认同理论，具有外群体偏爱的外人员工如果有渗透成为自己人员工的机会，就会根据领导的分类标准不断提高自己，向自己人员工学习。因此，外人员工会不断提高自己的业务能力，在工作中按时保质保量地完成领导指派的工作，全身心投入其工作角色相关的事情中。另外，为了增加成为自己人员工的可能性，具有较高外群体偏爱的外人员工不仅会做好自己的本职工作，还会做很多本职工作以外的事情。例如，他们会提前到达上班地点、主动加班、主动承担新的或有挑战性的工作、不断充实自己、主动帮助领导等，向领导表示自己的忠心和才能，从而提高自己的角色外绩效。具有高度外群体偏爱的外人员工还会将自己人员工视为学习的典范，在工作中积极帮助领导者的自己人群体，主动接近自己人群体，与自己人群体合作，与自己人群体建立良好的人际关系以减少人际冲突，同时分享自己人员工掌握的资源，从而提高绩效水平。

1.3.9　差序式领导与员工绩效的相关研究

姜定宇和张菀真以中国台湾地区企业员工为调查对象，研究了差序式领导与部属效能和部属态度的关系，在控制了家长式领导的影响后，差序式领导与员工忠诚和员工效能存在显著的正相关关系。王磊通过实证检验证明了差序式领导有利于提升员工个体效能，降低员工的离职倾向，其中员工个体效能包括员工个人的工作绩效、员工的利他人行为和对领导的忠诚度。陶厚永、章娟和李玲定性论述了差序式领导的偏私行为会诱使下属产生效忠心理，强化群体内认同和心理授权，从而激励下属积极从事利同事（关系绩效）和利组织（组织绩效）的行为。来宪伟、许晓丽和程延园在对领导差别对待的中西方对比研究的综述中发现，目前对差序式领导的实证研究一方面证明了差序式领导存在积极的正向影响，另一方面也证明了差序式领导存在负向作用。因此，有必要进一步厘清差序式领导与员工绩效之间的关系。

1.3.10 研究述评

通过对已有文献的梳理发现，虽然差序式领导的研究起步较晚，但也取得了相对丰硕的研究成果。国内外学者对差序式领导的研究主要集中在以下三个方面：一是对差序式领导发展和测量工具的相关研究；二是差序式领导对员工结果变量的研究；三是关于差序式领导与员工结果变量之间的作用机制研究。从对目前文献的梳理来看，关于差序式领导与员工绩效的研究仍存在以下几方面需要深入研究。

（1）差序式领导对员工绩效的影响有待进一步验证。虽然大多数研究结果表明差序式领导有利于提高员工绩效，但是也有部分研究得到了不一致的结论。再加上关于差序式领导的研究尚处于初步阶段，研究并不充分，因此有必要进一步检验差序式领导对员工绩效的影响。

（2）差序式领导对员工绩效影响的作用机制有待进一步探究。通过文献梳理发现，差序式领导的相关研究并不多，对差序式领导与员工绩效之间中介作用机制展开研究的文献更少，并且仅有的研究中介作用机制的文献中都把自己人员工和外人员工看成同质的，将差序式领导对员工绩效的中介作用机制看作相同的。由于差序式领导将员工归类为"自己人"和"外人"。不同主体感受偏私对待的角度不同："自己人"是站在受到偏私对待的一方感受到的，"外人"是站在偏私对待的对立方感受到的。差序式领导下的员工具有异质性，因此差序式领导对"自己人"和"外人"的心理影响可能并不一样，对自己人和外人员工绩效提升的作用路径也是不同的。为了更好地服务于实践并揭示现有研究中的盲点，本书将考虑员工异质性，从"自己人"和"外人"两个视角深入探讨差序式领导对员工绩效的作用机制。

（3）差序式领导、外群体偏爱变量的测量工具有待进一步丰富。从对差序式领导相关研究的文献回顾中发现，迄今为止关于差序式领导的测量工具有三种，其中：姜定宇和张菀真开发的测量工具得到了较为广泛的应用；谢佩儒开发的工作型差序式领导和情感型差序式领导的测量量表承袭了郑伯壎提出来的差序式领导的概念，与姜定宇和张菀真开发的量表具有相同的视角，并且建立在坚实的理论基础之上，因此有必要对该量表在中国大陆家族企业中加以验证并使用。同时，从文献回顾中也发现，目前对差序式领导下的外人员工的外群体偏爱缺乏合适的测量工具，因此有必要开发适合本书相关研究的外群体偏爱量表。

1.4　研究内容与框架

1.4.1　研究内容

本书的主要内容分为 7 个部分。

第 1 章，绪论。本章主要介绍研究背景，研究对象、目的与意义，国内外文献；阐明本书的研究内容、研究思路，采用的主要研究方法和创新点。

第 2 章，相关理论基础及核心概念。首先，资源理论、社会交换理论、社会融入理论等是本书的理论基础；然后对家族企业、差序式领导、员工绩效、心理授权和外群体偏爱等核心概念进行界定。

第 3 章，差序式领导对员工绩效的影响及其作用机制的研究假设与模型构建。首先基于相关文献回顾和理论论述，对于自己人员工，构建心理授权对差序式领导与员工绩效关系的中介作用模型；对于外人员工，构建外群体偏爱对差序式领导与员工绩效关系的中介作用模型。其次考虑个人成长需求这一个性特征对上述中介作用机制模型的调节效应。最后构建出差序式领导对员工绩效影响的理论框架。

第 4 章，量表设计与预调研。针对研究问题，选取变量、测量工具和调查样本。首先借鉴国内外成熟的测量工具，并根据需要进行适当修订，对没有成熟测量工具的"外群体偏爱"这一变量，根据研究目的和研究主题、遵循科学范式进行开发。然后编制初始调研问卷进行预调研，对预调研收集的数据进行项目分析和探索性因子分析，基于预调研的分析结果、通过征求专家意见、考虑被试在预调研过程中遇到的问题对初始调研问卷进行修正，最终形成正式调研问卷。

第5章，差序式领导对员工绩效的影响及其作用机制的实证检验。首先是对正式调研收集的有效数据进行描述性统计，对问卷进行信度、效度以及共同方法变异问题进行检验，对结构方程模型进行拟合优度检验，再通过路径系数分析验证差序式领导对员工绩效的影响。然后运用 Bootstrap 检验；对于自己人员工，心理授权在差序式领导与员工绩效之间的中介作用机制；对于外人员工，外群体偏爱在差序式领导与员工绩效之间的中介作用机制。最后用 SPSS 宏进一步检验个人成长需求对上述中介作用机制的调节作用。

第6章，外人员工的地位流动及其对员工绩效的影响。在实证分析的基础上，鉴于差序式领导分别通过心理授权、外群体偏爱对自己人员工和外人员工的绩效产生了正向的影响，同时自己人群体和外人群体的群际边界一定程度上具有可渗透性，自己人员工固然不想变成外人员工，但外人员工一定不会放弃变成领导者"自己人"的机会，他们会努力采取向上流动的策略以实现其地位流动。因此，运用博弈的方法进一步研究外人员工的地位流动及其对员工绩效的影响。

第7章，结论、建议和展望。对研究结论进行总结，根据研究结论提出相应的管理启示和建议，优化家族企业的领导效率，提高家族企业的员工绩效，促进家族企业组织绩效的提升和可持续发展。对研究的局限性进行说明，并指出今后可能的研究方向。

1.4.2 研究框架

本书中研究框架和技术路线图如图 1.2 所示。

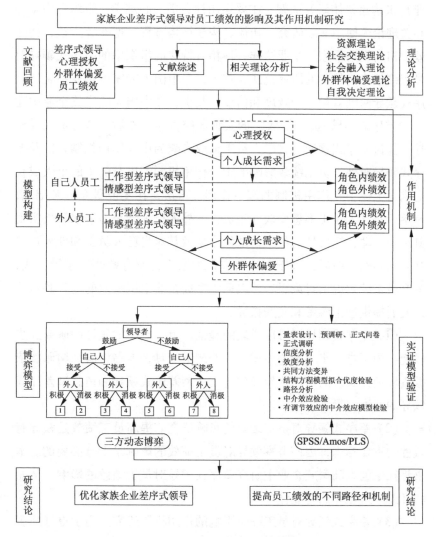

图 1.2 研究框架和技术路线图

1.5 研究思路与方法

1.5.1 研究思路

本书基于一个背景（华人文化情境下的差序格局）、一条脉络（差序式领导对员工绩效的影响）、一个特殊组织（中国大陆家族企业）来构建整体研究框架，主要运用社会学、心理学、组织行为学等相关理论，使用文献研究、访谈、构建结构方程、博弈等方法，构建差序格局视角下家族企业这样一种相对特殊的组织中的差序式领导对员工绩效影响的新的研究范式。首先，在中国大陆家族企业中验证差序式领导两维度量表的效度和信度；其次，在中国大陆家族企业中建立"差序式领导—员工绩效"的实证研究框架；然后，考虑员工异质性，探讨差序式领导对自己人员工绩效影响的中介作用机制，以及差序式领导对外人员工绩效影响的中介作用机制，以及员工的个人成长需求对上述中介作用机制的调节作用；再次，在实证研究的基础上，有鉴于自己人员工不想变成外人员工，外人员工会努力采取策略实现其地位流动，探讨外人员工的地位流动及其对自己人员工和外人员工绩效的影响；最后，基于上述研究，为家族企业有效改进领导方式，提升员工绩效提出对策思考，以期为家族企业组织绩效的提升和可持续发展提供理论参考和实践指导。

（1）差序式领导两维度量表的验证。由于差序式领导的研究起步较晚，为了进一步丰富差序式领导的测量工具，本书将验证谢佩儒依据资源理论开发的差序式领导包含工作型差序式领导和情感型差序式领导的两维度量表。

（2）差序式领导对员工绩效的影响研究。提高员工绩效是领导有效性的重要标志，因而考察领导对员工绩效的影响是十分必要的。本书将在中国大陆家族企业中研究差序式领导对员工绩效的影响，从而验证差序式领导的有效性。

（3）差序式领导对员工绩效影响的作用机制研究。为了更好地服务于实践并揭示现有研究中的盲点，本书考虑员工异质性，深入探讨差序式领导对员工绩效影响的中介作用机制。对于自己人员工，引入心理授权作为个体内部因素，探究差序式领导通过心理授权的中介作用机制影响自己人的员工绩效；对于外人员工，引入外群体偏爱作为个体内部因素，探究差序式领导通过外群体偏爱的中介作用机制影响外人的员工绩效。同时，拥有不同成长需求的员工对差序式领导的反应可能存在差异，因此也需要研究个人成长需求在差序式领导对员工绩效中介作用机制中的调节效应。

（4）在实证研究基础上，鉴于自己人员工和外人员工的群际边界一定程度上具有可渗透性，外人员工会努力采取向上流动的策略以实现其地位流动。因此拟采用博弈论的研究方法，进一步探讨外人员工的地位流动对自己人和外人员工绩效的影响。

（5）为进一步优化家族企业差序式领导方式以及提升员工绩效，提出相应的对策和建议。就家族企业中的领导者有效优化其领导方式，提升员工绩效，实现外人员工地位动态流动提出对策思考，以期为家族企业组织绩效的提升、可持续发展和人力资源管理实践提供理论指导和实践参考。

1.5.2 研究方法

本书综合运用社会学、心理学、组织行为学等基本理论，探索相关研究方法的适用性和可移植性，力图实现多种研究方法的互配和支撑。

（1）文献研究法。通过对差序式领导、心理授权、外群体偏爱、员工绩效等相关领域的文献和理论进行梳理和总结，掌握本书的基本问题、理论基础及研究视角，获得具有研究价值的观点和论据，进而构建出本书的基本理论模型。

（2）结构方程模型。结构方程模型（structural equation modeling，SEM）能够实现多个原因和多个结果的关系研究，以及不可直接观测的变量（即潜变量）的研究。本研究中的差序式领导、心理授权、外群体偏爱、个人成长需求等概念都是不能直接观测到的潜变量。虽然员工绩效可以使用一些替代变量进行直接测量，但是为了全面反映员工绩效的各个方面，本书也采用潜变量对其进行测量。首先对量表的信度、效度、共同方法变异问题进行检验；其次对总体模型进行检验。

（3）动态博弈模型。在动态博弈中，参与人的行动是有先后顺序的，并且后行动者在自己行动之前能够观察到先行动者的行动。本书在实证分析的基础上，借助动态博弈的方法，构建领导者、自己人和外人三方动态博弈模型，以更加直观全面地研究外人员工的地位流动以及对员工绩效的影响。

1.6　本章小结

　　本章围绕"家族企业差序式领导对员工绩效的影响及其作用机制研究"这一主题，首先介绍研究背景，然后系统介绍差序式领导、心理授权、外群体偏爱、员工绩效、差序式领导与心理授权、差序式领导与外群体偏爱、差序式领导与员工绩效的研究现状，为后续研究差序式领导对员工绩效影响的作用机制奠定基础，并提出研究对象、目的与意义，研究内容与框架，研究思路与方法，以及研究的创新之处。

第 2 章　相关理论基础及核心概念

2.1　相关理论基础

2.1.1　资源理论

社会心理学家 Foa & Foa 提出资源理论，认为人与人之间交换的资源主要可以分成六类：金钱，指有标准交换价值的币值；物质，指有形的物品；资讯，指建议、意见、指导以及协助辅佐；地位，指能够提高声誉的有价值的评价；服务，指一个人为另一个人提供或付出的劳力；情感，指表达关怀、温暖、支持、友善或幸福。后来有学者将资源理论应用到领导者分配组织资源中，认为领导者分配给员工的资源也可以按照资源理论进行交换。Martin & Harder 在资源理论的基础上将组织中的资源分成与金钱、物质、服务和情感相关的资源。金钱代表薪资红利；物质代表办公室、停车位等；服务包括提供信息；情感代表展现温暖和友善。Wilson，Sin & Colon 认为组织中领导者分配给员工的资源主要包括：金钱，指薪酬红利；物质，指办公资源的分配和使用；服务，指提供额外的好处和恩惠；地位，指给予荣誉、参与决策权、重要职位的分配；资讯，指与员工的沟通、教育培训的机会；情感，指提供社会情感支持、关怀、鼓励、友善、照顾并拓及家人。差序式领导将员工进行归类，给予自己人员工的偏私对待也主要体现在资源分配上，包括八个方面：情感亲近、信息分享、决策参与、照顾支持、资源酬赏、计划栽培、委以重任及亲近信任。随着研究的深入，郑伯壎、徐玮伶和谢佩儒提出，差序式领导强调的是领导者在组织资源或个人情感资源分配上表现对自己人员工的偏私对待，同时将金钱酬赏、决策参与、赋予权力、工作垂直沟通、委以重任、训练栽培等资源分配对应到 Foa & Foa 提出来的金钱、物质、资讯、地位等资源并将其统一定义为工作相关的资源；将私下沟通、照顾支持、嘘寒问暖、鼓励、态度和善、照顾家人对应到 Foa & Foa 提出来的情感资源并将其统一定义为情感相关的资源。差序式领导会在资源分配上对自己人员工产生偏私对待，而根据资源理论又可以将组织中的资源分成工作相关的资源和情感相关的资源。将差序式领导理论与资源理论相结合，可以将差序式领导划分为工作型差序式领导和情感型差序式领导两个维度。

2.1.2 社会交换理论

社会交换理论是一门从微观视角来研究人类行为的科学。该理论模型自提出伊始就被学者广泛用来解释组织中员工的工作态度和行为。Homans 是社会交换理论的奠基人，深受行为主义心理学的影响，认为人的社会行为是一种交换过程，人们为了获得回报和报酬而和他人进行交往。Blau 提出社会交换不仅是经济交换而且是社会交换，并区分了经济交换和社会交换。虽然经济交换和社会交换都建立在"给予付出将会得到回报"这一原则上，但是，经济交换的双方都会提前设定好交换的内容、形式和时间，其属于短期利益的交换，交换内容也是经济利益因素的相互交换。社会交换并没有提前设定好的交换内容、形式和时间，提供帮助和支持的一方期待对方能够在未来对自己的付出有所回报。社会交换具有长期性，信任在其中扮演重要角色。社会交换是人们社会交往中重要的交换形式，指展现自愿行为并期待未来得到对方的积极行为作为回报。正是这种对未来收益的预期驱动了社会交换的进程。社会交换理论包括社会交换和互惠规范两部分。人际关系建立在理性选择的基础之上，个人为实现自己的利益与他人建立关系并期待未来对方会回报自己，同时个体也会对施恩人积极做出回报，正所谓"来而不往非礼也""投桃报李""滴水之恩，当涌泉相报"。想要得到高质量的社会交换，双方必须遵循一些交换规则，其中互惠规范是社会交换重要的交换原则和作用机制。当一方主动为另一方提供资源和付出时，就形成了社会交换关系。在接受他人恩惠或者帮助后，人们会产生亏欠感，这种亏欠感只有在适当地回报对方后方能消失，因此另一方在未来会回报对方相应的资源。这样，一个双方社会交换的闭环就形成了。交换闭环一旦形成，接下来的每一次交换都会加强这个闭环。互惠准则有助于强化高质量的社会交换关系。在组织情境中，社会交换可以发生在领导和员工之间，也可以发生在员工和组织之间，根据资源理论，社会交换关系中的资源可以分为金钱、物质、服务、地位、资讯和情感，这些资源反映在组织中又可以分为工作相关的资源和情感相关的资源。因此，在组织情境中，如果领导和员工都遵循互惠规范原则，就会形成高质量的社会交换关系，双方都能获益。具体而言，差序式领导会给予自己人员工更多的薪酬红利、更快的晋升速度、更多参与决策和培训进修的机会、更多的信任和情感支持等工作相关资源和情感相关资源的偏私对待，自己人员工则会因此对领导者产生较强的亏欠感和义务感，从而以积极的工作态度和工作效能回报领导者和组织。最终，领导者会获得员工较高的工作满意度、组织承诺、工作绩效、创新行为、建言行为、组织公民行为以及较低的离职倾向。

2.1.3　社会融入理论

从员工归类模式可以看出，差序式领导将员工进行归类不外乎以关系、忠诚和才能作为归类标准。那些被归类为"自己人"的员工在这三方面表现较好，因而获得地位较高的分类，得到领导者的偏私对待；被归类为"外人"的员工因为在这三方面表现不好，所以无法获得领导者的偏私对待。外人员工能够感受并观察到领导者给予自己人员工更多的物质和精神资源的偏私对待，不免会对自己人员工享受到的待遇产生羡慕之情，感受到被排斥感，从而想融入领导者的自己人群体中。

社会融入（social inclusion）理论认为被社会团体接受是所有个体追求的目标。为了能够被社会团体接受，个体必须通过不断学习、与他人保持良好的关系、提高声誉等方式提高他人与自己互动的意愿，从而被他人所接受。融入工作场合中的社会团体对员工来说更为重要。与领导建立良好的互动关系，就意味着可以获得更多的薪酬奖金、升职机会等现实利益。外人员工由于处于劣势地位，在面临来自组织和领导者有限利益资源的情况下，就会产生强烈的归属感需求，从而对自己人员工所在群体产生外群体偏爱的情感，这会促进外人员工付出更多努力保证自己不被排斥，并且以融入领导者的自己人群体为最终目标，以实现其社会融入。大量研究表明，当结果与金钱和利益有关时，被排挤或者被拒绝的个体比较会选择修正自己的行为以博得喜爱。外人员工改变弱势地位最直接的方式就是通过改变领导者对自己的评价，使自己有机会进入领导者"自己人"群体中。为了融入自己人员工群体，外人员工会观察自己人员工的表现，通过提高自己的工作绩效以及利领导、利组织的组织公民行为，改善与领导者的互动关系。根据社会融入理论，在没有得到来自领导者的偏私对待时，外人员工不仅不会自暴自弃，反而会想融入领导者的自己人员工群体，从而努力提高自己的能力和效能，实现向领导者自己人员工群体的地位流动。

2.1.4 外群体偏爱理论

对于低地位群体的外群体偏爱的理论解释，可以从社会认同和系统公正等理论视角展开。社会认同理论认为，弱势群体对其所在群体的认同感较低或者根本不认同时，产生外群体偏爱的可能性较大。社会认同理论中的共识性歧视对低地位群体的外群体偏爱是一个很好的理论解释。共识性歧视是指各个群体对群体之间的关系以及群体的相对地位都有正确的感知和共识。也就是说，低地位群体接受自身所处的弱势地位，在对自身的不利评价方面与高地位群体达成共识，同时低地位群体承认高地位群体的优势地位和长处，从而对高地位群体表现出外群体偏爱。各群体对群体间关系的认知越保持一致，群体间地位关系就越稳定、合法、合理，也就越容易发生外群体偏爱。系统公正理论（system justification theory）是由 Jost 和 Banaji 提出来的，该理论认为不平等的群际地位结构不仅需要优势群体的内群体偏爱和外群体贬抑得以保持，同时也需要弱势群体即低地位群体的支持和拥护得以保持，主要体现为低地位群体的外群体偏爱。人们倾向于认为现存的社会安排是公平、合理的，并且顺从目前的社会安排，接纳目前所处的不利地位，其目的在于维护目前社会现实的公平、合法和合理，为现存的社会系统作辩护。优势群体将外界对自己的积极评价内化，更加偏爱内群体；弱势群体也将外界对他们的消极评价内化，并且认可优势群体的积极评价，从而对优势群体产生外群体偏爱。

　　社会认同理论中的共识性歧视以及系统公正理论解释了低地位群体的外群体偏爱现象的存在。对优势群体存在外群体偏爱的低地位群体，社会认同理论认为他们会有三种行为反应。一是个体流动。如果群体边界是开放的，或者群体边界具有可渗透性，处于低地位群体的个体就会试图脱离目前所在的群体，努力进入高地位群体，获得地位的向上流动。二是社会创造。如果群体边界是封闭的，或者其具有不可渗透性，那么低地位群体的成员就会采取相应的策略，例如重新选择参照群体、改变比较维度与地位相等或者更低的群体进行比较从而获得群体认同。社会创造并不能改变低地位群体的实际地位。三是社会竞争。如果群体间的关系被认为是不合理、不合法、不稳定的，那么低地位群体就会采取激进的行为试图改变自己所处的劣势地位，例如低地位群体会选择与高地位群体在有差别的维度直接较量。与前面两种行为不同，该行为反应可能改变低地位群体的低地位。就差序式领导而言，它会导致自己人群体和外人群体的划分。自己人群体会在工作型资源和情感型资源的分配上得到领导的偏私对待，从而形成自己人的高地位群体地位和外人的低地位群体地位。受人治主义和较高的权力距离等中国传统文化和社会结构的影响，差序式领导划分的自己人群体和外人群体具有其合理性，而且根据自己人和外人划分标准可以看出自己人群体和外人群体的群体边界具有可渗透性，是开放的。因此，外人群体中的个体会产生对自己人群体的外群体偏爱，从而试图脱离目前所在的群体，努力进入领导者的自己人群体，实现外人向自己人群体的地位流动。

2.1.5　自我决定理论

　　自我决定理论（self-determination theory，SDT）由心理学家 Deci 和 Ryan 在 1985 年首次提出。自我决定理论基于人先天具有的成长需求和发展潜能，对环境对个体行为影响的因果路径进行有机的辩证论述。该理论认为，个体的成长主要受两个因素的影响：个体的内在动机和外部环境。外部环境会对个体的心理需求和与生俱来的成长天性产生影响，从而影响个体的动机和行为。

自我决定理论逐渐发展出认知评价理论、有机整合理论、因果导向理论和基本心理需求理论四个子理论。其中：认知评价理论主要研究社会情境因素对个体内在动机带来的影响；有机整合理论主要论述如何将个体的外部动机内化；因果导向理论主要论述个体和环境的差异影响个体动机取向的差异；基本心理需求理论主要论述个体的三种基本心理需求的内容，以及基本心理需求与员工幸福感和内部动机的关系。基本心理需求理论是连接社会情境和环境因素与个体动机和行为的桥梁，同时也是自我决定理论的核心内容。本书主要应用自我决定理论中的基本心理需求理论和认知评价理论。

基本心理需求理论（basic phychological needs theory，BPNT）认为，所有人都有三个基本心理需求：自主性（autonomy）、能力（competence）和归属感（relatedness）。在没有外部压力的情况下，个体可以自由地按照自己的意愿做决定和选择，从而感到拥有自主性。能力包括个体知道自己在做什么，并且有能力去做他们想做的事情，尤其是从事那些富有挑战性的工作并达到自己的预期，可使个体在完成任务的过程中体验到一种胜任感。归属感是指个体需要与他人有一定联系，需要属于某个特定群体。当个体作为这个特定群体的一员时，他就会感受到这个群体的关爱、支持和理解。基本心理需求理论认为，这三种心理需求是人类与生俱来的，个体会趋近满足基本需求的外部社会环境，并且个体心理需求的满足会对个体的内在动机产生影响。该理论从个体心理需求的视角解释了个体心理需求的满足对个体的内在动机和行为的影响。

认知评价理论（cognitive evaluation theory，CET）关注个体的内在动机，即基于个体内在价值、态度和目标而产生相应的行为。Deci将个体动机划分为内在动机和外在动机。内在动机是活动或行为本身给个体带来的愉悦和满足。外在动机是由外部环境因素导致的，是个体在外界动机下对活动或行为产生动机，并不是出于个体自身意愿。

内部动机对个体行为的影响较外部动机更加稳定和持久。Deci 提出来的认知评价理论认为，个体的内在动机主要是个体自身具有的自我成长和满足心理需求的需要以及源自内心的兴趣。认知评价理论重点关注的是个体的内在动机，特别指出外界社会环境因素通过影响个体对其认知评价从而对个体的内在动机和行为产生影响。个体会从不同的外部社会环境中感知到不同的胜任能力、自主性和归属感，这会对个体的内在动机产生差异化影响，从而对个体的行为产生不同的影响。自我决定理论中的基本心理需求理论和认知评价理论是个体内在动机研究的重要理论。任务和行为的激励不是由外部动机决定的，而是由个体的内在动机以及任务和行为赋予个体的心理意义决定的。领导行为会通过对个体内在动机的影响而影响员工的行为。

自我决定理论对本研究有着重要的理论指导，心理授权正是个体感知到的自己对工作或行为的自主性、胜任力、工作意义和影响力。外群体偏爱指低地位个体在情感、认知、评价和行为倾向上表现出来对高地位群体的偏爱。心理授权和外群体偏爱都是个体成长的内在动力。对于差序式领导者的自己人员工而言，由于领导者在情感型资源和工作型资源上偏私对待，提高了他们的胜任力和自主性感知，从而提高了他们心理授权的内在动机。这会进一步对自己人员工的角色内行为和角色外行为产生影响。对于差序式领导的外人员工而言，他们会因感知到领导者对自己人员工的偏私对待而产生归属感方面的心理需求，进而产生对自己人员工的外群体偏爱，从而在内在动机、角色内行为和角色外行为方面发生改变。

2.2　核心概念

2.2.1　家族企业

自家族企业研究开始，首要的研究问题就是什么是家族企业，然而学术界对此并没有给出一致的定义。家族企业是最古老、最常见的组织类型，也是世界上最流行、持续时间最长的组织。目前对家族企业的定义，归纳起来有以下两个视角。

（1）家族参与企业的要素。从家族参与企业要素的视角来定义家族企业，有以下五种：① 所有权。Donckels 和 Frohlich 认为家族持有60%以上的财产所有权的企业是家族企业。对于西方大型家族上市公司而言，由于股权非常分散，因此只要拥有10%以上股权的企业就为家族企业。② 经营控制权。孙治本把家族企业定义为由一个家族直接或间接控制企业经营权的企业。③ 所有权+经营控制权。家族企业为自然人或多个家族所有，并且拥有企业实际经营控制权。④ 代际传承。窦军生和 Churchill & Hatten 认为应该将企业是否具有代际传承的意图作为判断是否为家族企业的重要标准。⑤ 所有权+经营控制权+代际传承。Chua，Chrisman & Sharma 认为家族企业旨在塑造和追求由一个家庭成员或者少数家族管理和控制统治联盟，并且这个联盟可以在同一个家族或者少数家族内部跨代传承。

（2）家族参与企业的程度。从家族参与企业程度的视角来定义家族企业，主要定位在家族成员参与企业关键职位以及拥有的决策权，即企业中重要的职位应该大多由家族企业成员所有。Daily & Dollinger 认为应该由家族中两名及两名以上成员担当企业总经理等核心关键职位。

本书采用被欧洲家族企业广泛接受的对于家族企业的定义："家族企业是由自然人或多个家族直接或间接拥有决策控制权，并且至少有一个家庭成员参与到组织管理中的企业。"该定义适用于所有家族企业，不管家族企业的规模大小和存续时间。除了沃尔玛、福特、大众、宝马、美的、新希望、百丽等大型家族企业，数以千万计的家族企业都是规模较小的。

2.2.2 差序式领导

差序式领导的概念可以追溯到费孝通提出来的差序格局。他指出，中国社会的结构就如同将一颗石子丢入水中泛起的一圈圈波纹，波纹的远近代表关系的疏近。在差序格局的基础上，郑伯壎提出员工归类模式，指出员工与领导的关系（亲）、员工对领导的忠诚度（忠）和员工的才能（才）是主管区分部属的依据，以此给予员工有差异的对待。在员工归类模式的基础上，郑伯壎第一次对差序式领导进行定义：领导者按照亲、忠、才的标准，将部属归类为自己人部属和外人部属，进而对自己人部属和外人部属产生有差别对待的领导行为。相对于外人部属，领导者会在资源分配和管理方式上给予自己人部属较多的偏私对待。姜定宇、张菀真将差序式领导定义为："在人治主义氛围下，领导者对不同部属有着差别对待的领导行为，是一种对偏好部属给予较多偏私的领导风格，这种偏私主要集中在照顾沟通、提拔奖励和宽容犯错三方面。"后来 Jiang 等进一步丰富了差序式领导的含义，认为"自己人"不能仅单方面地受到偏私对待，也要承担相应的责任。他认为差序式领导应该包含对"自己人"偏私、对"自己人"严厉和对"外人"偏恶三成分，但是并没有给出三成分的具体界定。孙晓真进一步给出定义，指出领导者会给予自己人部属较多参与决策、提拔奖励和宽容犯错，同时也会对自己人部属有较高标准的期许和要求；对外人部属则给予较多的冷漠和防范。谢佩儒基于郑伯壎提出来的差序式领导概念，并依据资源理论和资源分配法则，将差序式领导分为工作型差序式领导与情感型差序式领导。工作型差序式领导是指相对于外人部属，领导者在有形的工作相关的物质资源方面给予自己人部属偏私对待；情感型差序式领导是指相对于外人部属，领导者在无形的情感相关的精神资源方面给予自己人部属偏私对待。

本书结合郑伯壎、姜定宇和张菀真以及谢佩儒的定义，将差序式领导定义为：在人治主义氛围下，领导者按照与员工的关系（亲）、员工的忠诚度（忠）以及员工的才能（才），将员工归类为自己人员工和外人员工。相对于外人员工，在有形的工作资源方面以及无形的情感资源方面给予自己人员工偏私对待。因此，差序式领导风格下的员工归类导致员工异质性，差序式领导对员工绩效的作用机制影响可能不同。

2.2.3　员工绩效

目前对员工绩效的定义，并没有统一的界定，其分歧主要体现在员工绩效是结果概念还是行为概念。对员工绩效的概念界定主要有以下三种主流观点。

（1）员工绩效是结果。这一观点强调员工绩效是员工工作的结果，不管中间的过程行为。Bernardin & Beatty 认为，员工绩效是为了实现组织的目标或任务，在某一段特定时间内，由员工特定工作职能或活动所产生的结果记录。Luthans 认为员工绩效是员工对其职责范围内各项工作目标所完成的程度，表现为工作任务完成的数量和质量。

（2）员工绩效是行为。这一观点强调员工绩效是员工工作的行为和过程。Hall & Goodale 认为员工绩效是组织成员为了完成组织期待、规定或角色内需求所表现出来的行为。Campbell 等认为，员工绩效是在实现组织目标和任务的过程中，由员工特定工作职能所表现出来的一系列活动或行为，是员工完成工作目标所表现出来的行为。

（3）员工绩效既是行为也是结果。Borman & Motowidlo 在其研究中提出，应该将行为与结果相结合对员工绩效进行定义，即员工绩效是为实现组织的目标或任务，由员工特定工作职能所表现出来的一系列活动或行为，并根据员工表现出来的行动和行为给予准确合理的评价结果。杨杰、方俐洛和凌文铨指出，不能静止地从单一层面去界定绩效。他们构建了一个综合考虑时间、方式和结果的三维立体模型来定义员工绩效，即员工个体在某一段时间内表现出来的行为以及由此引发的结果。

因此，本书从员工绩效"结果+行为"的观点出发，认为员工绩效是员工为了完成组织或领导安排的任务，由其工作职能表现出来的一系列行为，是由组织或领导者根据员工的行为给予准确评价的结果。

2.2.4 心理授权

学术界对于授权（empowerment）的研究很多，主要从两个视角按照时间的演变展开研究。

（1）管理视角的授权。管理实践上的授权主要是指高层领导赋权，降低决策制定需要的权力审核层级，同时增加下属对资源和信息的获取机会。管理视角的授权是一种领导自上而下授予和分享给下属决策权力的行为，是一种工作上放权的概念，即结构授权。

（2）心理视角的授权。Conger & Kanungo 将授权扩展应用到心理学领域，提出心理授权的概念。他们将心理授权定义为组织通过一系列措施提升员工个体自我效能感的激励过程。心理授权能够让个体在完成任务的过程中增加成就感。Thomas & Velthouse 提出，心理授权是个体能体验到的一种被授权的心理状态或者认知，包括意义、能力、选择和影响力，能够提高员工工作动力，但是他们并没有研究如何测量心理授权的不同维度。后来，Spreitzer 基于 Thomas & Velthouse 的研究，将心理授权定义如下：由员工感知的工作意义、自我效能、自主性和影响力组成，反映了员工内在的工作动力。同时，他开发的 12 题项量表在心理授权的实证研究中得到广泛应用。李超平等检验并证明了 Spreitzer 开发的心理授权量表在中国文化情境下具有很好的适用性。总体来说，Thomas & Velthouse、Spreitzer 和李超平等对心理授权的研究为国内外相关实证研究奠定了坚实的理论基础。

本书也使用了上述研究成果，认为心理授权是个体体验到的心理状态和认知的综合体，包括员工对工作意义、自我效能、自主性和工作影响的感知和评价。其中，自我效能指一个人如果选择尝试某项任务，他相信自己拥有能够完成该任务的技能和能力的信念；工作影响指个人对组织的战略、管理或工作结果的影响程度；工作意义指个体感知到工作对于他的重要程度；自主性指个人能否控制这项任务如何开展和如何完成。

2.2.5　外群体偏爱

任何一个个体都不可避免地存在于某个或某些群体之中。可以把个体所在的群体称为内群体（in-group），而把个体所在内群体以外的其他群体当作外群体（out-group）。在群际关系研究中，一个最重要的发现就是内群体偏爱（intro-group favoritism）。内群体偏爱指社会群体成员会对自己所在群体及群体内成员表现出更多的情感和行动支持。但是近年来学者在对群体的研究尤其是对低阶层群体的研究中发现，低阶层群体中的成员在情感评价倾向和行动倾向上偏向于高阶层群体，即产生外群体偏爱。在群际问题的研究中，各群体的收入、权力、地位或资源不同，从而形成了优势群体和弱势群体、高阶层群体和低阶层群体的划分方式。优势群体（高阶层群体）是那些能够获得更多权力、地位和资源的人群组成的群体；弱势群体（低阶层群体）是那些不能够获得足够权力、地位和资源的人群组成的群体。严义捐、佐斌将弱势群体定义为处于不利社会地位的阶层或人群，优势群体就是在社会比较中处于有利地位的群体。

因此，本书将外群体偏爱界定为弱势群体在评价、态度、情感和行为倾向上明显表现出对优势外群体的偏爱的倾向，是一个情感态度层面的概念。

2.2.6 员工异质性

企业内部的员工之间自然就形成了员工之间的社会网络。作为社会网络中的主体，员工在社会属性或特征上与其他主体存在差异。这些差异使员工感知到自己与其他主体的不同，即产生异质性。以往学者在研究员工异质性时通常关注表层和深层两方面。表层的员工异质性主要体现为性别、年龄、教育背景、任期、工作职能背景等人口统计学特征上的差异；深层的员工异质性主要体现为价值观、性格、态度等不易察觉方面的差异。也有学者从工作相关视角研究员工异质性，认为员工异质性主要体现在与工作相关的特征和与工作无关的特征两方面。与工作相关的特征主要包括工作技能、经验、教育背景、任期、社会资本等；与工作无关的特征主要体现在员工具有不同的性别、年龄、价值观、性格等。根据研究目的，差序式领导视角下的员工异质性指员工由于所属不同的归类而在资源分配和获取等方面存在一定的差异。差序式领导者会根据自己与员工的关系、员工对自己的忠诚度以及员工的才能将员工归类为"自己人"和"外人"，并在这个归类的基础上对自己人员工在情感型资源和工作型资源的分配上偏私对待。

2.3　本章小结

本章首先介绍了相关的理论基础，如资源理论、社会交换理论、社会融入理论、外群体偏爱理论和自我决定理论，通过梳理相关理论为后续的研究奠定理论基础，然后对本书涉及的家族企业、差序式领导、员工绩效、心理授权、外群体偏爱以及员工异质性等核心概念进行界定。

第3章　差序式领导对员工绩效的影响及其作用机制的研究假设与模型构建

3.1　差序式领导对自己人员工和外人员工绩效的作用机制

3.1.1　差序式领导对员工的归类

差序式领导视角下的员工异质性是指员工由于所属不同的归类而在资源分配和获取等方面存在一定的差异。一方面，差序式领导者会根据自己与员工的关系、员工对自己的忠诚度以及员工的才能将员工归类为"自己人"和"外人"，并在这个归类的基础上对自己人员工在情感型资源和工作型资源上偏私对待。关系指领导与员工之间的亲疏远近，包括是否具有血缘关系或者是否是同乡、同学等类血缘关系。当他们具有上述关系时，表明领导与员工关系亲近。忠诚指员工将领导视为家长并表现出顺从、不挑战领导者权威、谦逊的态度，最重要的是表现出对领导者的全力配合和支持、尽力解决领导者遇到的问题。当员工具有上述特征时，表明其忠诚度高。才能指员工是否有胜任工作的能力。当员工具有较强的工作胜任能力时，表明其具有较高的才能。领导者会根据与员工的亲疏远近、员工的忠诚度以及员工的才能表现对员工进行评价，评价越高领导者越有可能将其视为"自己人"，反之则视为"外人"。这种归类并不是自然形成的，而是领导者在与员工交往过程中根据一定的标准人为划分的。员工自身也会主观感知到自己属于领导者的"自己人"还是"外人"。另一方面，在团队中，员工会根据领导者展现出的行为以及对资源的不均等分配，区分出团队成员之间的地位差异，并根据自己与领导的实际互动情况评价自己在领导心目中的相对位置。因此，本书中的"自己人"指领导者将某员工归类为"自己人"，同时该员工主观感知到自己属于领导者的"自己人"。"外人"指领导者将某员工归类为"外人"，同时该员工主观感知自己属于领导者的"外人"。"自己人"和"外人"在资源分配和管理方式上存在较大差异，自然带来员工之间的比较和差异。对差序式领导表现出来的偏私对待，不同主体感受的角度不同。"自己人"是站在受到领导者偏私对待的一方感受到的，而"外人"是站在偏私对待的对立方感受到的。因此，差序式领导风格下的员工可以分为"自己人"和"外人"两类，其在资源分配和偏私对待上的差异导致自己人员工和外人员工之间具有异质性。

3.1.2 差序式领导对自己人员工和外人员工绩效的作用机制分析

虽然部分学者已经研究了差序式领导对于员工绩效影响的中介和调节作用机制，但是对其中的中介作用机制的研究并不深入，而且已有的研究都是把自己人员工和外人员工看成同质的，将差序式领导对员工绩效影响的中介作用机制看作相同的。但是，由于差序式领导带来的外人员工和自己人员工的异质性，不同主体感受偏私对待的角度不同，因此，差序式领导对于不同归类员工绩效影响的历程和机制是不同的。为了更好地服务于实践并揭示现有研究中的盲点，本书考虑员工异质性，试图揭示差序式领导对自己人和外人员工绩效影响的不同中介作用机制。

外部环境和社会系统通过个人自我系统中的心理机制来影响人们的行为。自我决定理论认为经济条件、社会经济地位、组织环境、家庭环境等外部环境不会直接影响个体的行为，而通过影响个体的动机、情绪、意向、状态和目标等内部因素来影响个体的行为。本书的差序式领导即环境变量，包括工作型差序式领导和情感型差序式领导；员工绩效即行为变量，包括角色内绩效和角色外绩效。因此，本书将从个体与环境的交互作用视角探究差序式领导对自己人员工和外人员工绩效的不同中介作用机制。基于前述文献中的结果，对于自己人员工来说，本书将引入心理授权作为个体内部因素，探究差序式领导如何通过心理授权影响自己人的员工绩效；对于外人员工来说，本书将引入外群体偏爱作为个体内部因素，探究差序式领导如何通过外群体偏爱影响外人的员工绩效。

　　研究表明，员工自身的特性是影响员工能否适应组织的重要因素。而个性特征是员工比较长期稳定或者先天形成的特性，领导行为等组织环境因素对个体态度和行为的影响会受到员工个性特征因素的调节。个人成长需求作为个体重要的个性特征因素之一，得到了国内外学者的广泛关注。因此，不管是自己人员工还是外人员工，他们都拥有不同个人成长需求的个性特征，并且在相当长的时间内具有相对稳定性。对差序式领导者的自己人员工和外人员工来说，只要个人成长需求不同，对来自领导者的差序式领导的反应就可能会有所差异。因此，本书将进一步探究个人成长需求在差序式领导对自己人和外人员工绩效影响的不同中介作用机制模型中的调节作用。

3.2　差序式领导对自己人员工绩效的影响及其作用机制的研究假设

3.2.1　差序式领导对自己人员工绩效的影响

　　在华人企业中，差序式领导是一种高度人治主义的领导风格。在这种情境下，员工需要依赖领导者必要的资源和支持来获得更好的发展。对于自己人员工，工作型差序式领导会在薪资奖金、晋升机会、决策权力、关键职位、培训栽培等工作相关资源的分配上给予偏私对待，本质上体现了领导者在工作上对自己人员工的信任；情感型差序式领导会在私下沟通、照顾支持、顾及家人、态度和善、嘘寒问暖等情感资源的分配上给予偏私对待，进一步体现了领导者在情感上对自己人员工的偏爱和喜欢。实证研究表明，员工需求的满足会带来积极的工作态度和较高的领导认同。自己人员工在得到来自领导者在工作资源和情感资源分配上的偏私对待后，其需求会在很大程度上得以满足，因此会表现出积极的工作态度和组织认同，从而带来积极的员工行为和较高的绩效表现。自己人员工由于获得的资源较多，因此在工作中以及与领导者的互动过程中也会更加自信，从而自我效能感得以提升，主观能动性得到增强，工作表现会更突出。同时，自己人员工出于回报和感恩的心理，会站在领导者和组织的角度考虑问题，愿意为了辅佐和服从领导者而努力，不仅会在工作职责范围内展现高绩效水平，而且会在工作职责外展现高绩效水平。例如，自己人员工会做出帮助同事的利同事行为，以及辅佐领导的利领导行为。根据社会交换理论，自己人员工会以积极的员工绩效回报领导者在资源分配上的偏私对待，尽最大努力辅佐领导者并完成领导者安排的工作任务，展现出高水平的员工绩效。这是一种领导者与自己人员工互相交换的过程。领导者在资源分配上对自己人员工的偏私对待可以视为领导者回馈自己人员工良好绩效的合理交换过程，自己人员工展现良好的员工绩效也是对领导者在资源分配上偏私对待的合理回报。因此，提出如下假设：

H1a：工作型差序式领导有利于提高自己人员工的角色内绩效。

H1b：工作型差序式领导有利于提高自己人员工的角色外绩效。

H1c：情感型差序式领导有利于提高自己人员工的角色内绩效。

H1d：情感型差序式领导有利于提高自己人员工的角色外绩效。

3.2.2 差序式领导对自己人员工心理授权的影响

在心理授权的前因变量研究中，学界几乎一致认为领导方式与心理授权关系非常密切。Conger，Kanungo & Menon 研究表明，变革型领导通过流露出对员工高绩效的信心来提高员工的心理授权感知。这种来自领导的信任能鼓舞员工并提高其自我效能感和对工作意义的感知。真诚的领导风格可以提高员工在决策中的自主性感知，激发员工自我成长和发展的动力，提高员工的心理授权。但是只有为数不多的学者关注了差序式领导对员工心理授权的影响。刘晓琴认为差序式领导通过为员工创造轻松的工作环境，提高员工工作积极性，激发员工创造力，从而提出差序式领导能够提高员工心理授权的假设，但是并没有做进一步的实证检验。杨皖苏、赵天滋和杨善林实证研究证明差序式领导有利于提高员工的自我效能感，而自我效能感是心理授权的一个重要组成维度，因此他们部分证明了差序式领导可以提高员工的心理授权。Mok 等以医院护士为研究样本，发现来自上级的支持、鼓励、信息、报酬及其提供的发展机会有利于提高护士的心理授权感知。因此本书认为，差序式领导给予自己人员工在工作资源和情感资源上的支持和鼓励，为自己人员工工作的开展提供更多机会和资源，让自己人员工相信自己具备足够的资源和能力去完成自己的工作，从而激发自己人员工的自我效能感；差序式领导给予自己人员工更多的决策权，提高了自己人员工对工作自主性的感知；领导者与自己人员工相互信赖，同时分配给自己人员工较为核心重要的职位，赋予自己人员工更多的责任，使得自己人员工感知到自己的工作对团队战略、管理和结果具有重要影响。差序式领导对自己人员工在工作资源和情感资源上的偏私对待和信任恰好对自己人员工在上级支持、资源分配、信息分享和职位升迁等方面产生积极影响，这些因素与心理授权紧密相连，因此差序式领导有利于提高自己人员工的心理授权水平。如果没有心理授权所体现出来的自我效能、工作意义、自主性和工作影响的心路历程，差序式领导对自己人员工和外人员工的"亲疏有别"以及对自己人员工的偏私对待很可能会失去意义。因此，提出如下假设：

H2a：工作型差序式领导有利于提高自己人员工的心理授权。

H2b：情感型差序式领导有利于提高自己人员工的心理授权。

3.2.3　心理授权对自己人员工绩效的影响

心理授权作为个体重要的内在动机，对员工的行为和态度产生重要的激励作用。自己人员工由于获得了更多的资源和偏私对待，因此对自己的工作有更多积极的认知，并相信自己的工作对自己、领导及组织都是有意义的，从而工作热情和兴趣增高，个人价值得以较快实现。较高的自我效能感意味着自己人员工在工作时会充满信心和激情，相信自己可以很好地完成所负责的任务，并愿意为了组织利益付出更多的努力；较强的工作自主性意味着自己人员工在团队中比其他人拥有更多的资源和工作自主性，产生更积极的心理，可以按照自己的意愿和计划调整和决定何时完成工作和如何完成工作，可以对自己的工作有足够的控制力；较大的工作影响意味着自己人员工可以在一定程度上影响和控制所在团队以及团队中发生的事情，能够对所在团队产生重要影响，从而不断改善所在团队的现状，表现出更多超过组织预期的行为。一个有较高心理授权的人，具有较高的自我效能感和对自己影响力的感知，对自己的工作场所或者环境会形成较强的认同感。他的工作不仅仅是完成自己一个人的角色内行为，而是需要他参与到整个工作环境中，因此他就必然履行更多的角色外行为。可见，心理授权不仅会带来员工较高的角色内绩效，而且会带来较高的角色外绩效。因此，可以提出如下假设：

H3a：心理授权对自己人员工的角色内绩效有积极影响。

H3b：心理授权对自己人员工的角色外绩效有积极影响。

3.2.4 差序式领导对自己人员工绩效的影响：基于心理授权的中介作用

目前已有很多文献表明差序式领导可以提高员工绩效，但是，差序式领导对员工绩效影响的中介作用机制相关研究并不充分。中介变量是介于外界刺激和行为之间的变量，是个体的内部心理过程，是引起行为反应的关键决定变量。以往学者在对领导方式进行研究时，心理授权作为领导方式与员工态度和行为结果变量的重要中介作用机制得到广泛验证。

组织中适度的心理授权是必要的。当员工感受到来自领导的重视和有希望升职加薪时，其心理授权感知会增强。心理授权是一种心理激励的认知和体验，在职场中，员工会根据领导的不同行为做出相应的反应。Thomas & Velthouse 认为，心理授权的感知受到领导风格的显著影响。Liden Sparrpwe & Wayne 研究发现，当领导者赋予员工较高的心理授权时，员工就获得了来自领导的积极信号，会表现出较高的工作满意度，从而工作绩效也会提高。Tierney & Farmer 提出：自我效能感在员工绩效提升的心路历程中发挥积极作用；影响力强调员工对自己在组织战略管理中影响程度高低的感知对员工绩效的影响；工作意义强调员工对工作重要程度的感知对员工绩效的影响；工作自主性论证了员工工作自主决策能力的高低对员工绩效的影响。对差序式领导来说，领导者在工作资源和情感资源的偏私对待向自己人员工传递了来自领导者的重视、信任和偏爱的积极信号。领导者给予自己人员工更多的接触和互动，给予自己人员工核心重要的职位，分配给自己人员工更多的人员、设备、预算等资源；同时自己人员工又有更多的机会参与领导决策，在团队中充当"同事领导者"的角色。因此，自己人员工会感知到自己拥有更多的自我效能感、工作自主性和在团队中的影响力，从而提高心理授权水平。当个体心理授权感知较高时，他们的内在动机和积极性就会被激活，从而表现出更好的角色内绩效和更多利领导、利组织的角色外绩效。

虽然目前尚未有实证研究直接证明心理授权在差序式领导与自己人员工绩效之间的中介作用，但是已经证明心理授权与员工角色内绩效、角色外绩效之间的正相关关系，而且差序式领导能够提高自己人员工的心理授权水平。因此，本书认为，对自己人员工来说，差序式领导在工作资源和情感资源上的偏私对待，能够让其感受到来自领导者的信任和重视，提高心理授权感知，进而有利于员工绩效的提升。可见，心理授权是差序式领导与自己人员工绩效之间重要的中介作用机制。因此，提出如下假设：

H4a：心理授权在工作型差序式领导与自己人员工角色内绩效之间具有中介作用。

H4b：心理授权在工作型差序式领导与自己人员工角色外绩效之间具有中介作用。

H4c：心理授权在情感型差序式领导与自己人员工角色内绩效之间具有中介作用。

H4d：心理授权在情感型差序式领导与自己人员工角色外绩效之间具有中介作用。

3.2.5　个人成长需求的调节作用

个人成长需求（growth need strength, GNS）最初是由 Hackman & Oldman 提出来的，指个人追求自我实现需求的程度。个人成长需求包括个体对个人成长、发展和自我实现的需求。个人成长需求是一个人的个性特征，是个体期望从工作中获得成就感、获得学习和个人成长提升的程度。Shalley, Gilson & Blum 认为，个人成长需求是个体在工作中追求尊严和自我实现的需求的程度。高成长需求的员工更加喜欢具有挑战性的工作，并能从完成具有挑战性工作的过程中获得自我激励。黄英忠认为，高成长需求的个体更希望工作具有挑战性，因为这类工作不仅有助于学到新知识、充实自己，更重要的是可以满足个体的个人成长需求。具有高个人成长需求的员工不会被动等待，他们会主动利用、寻找甚至创造机会来满足他们个人成长和发展的需求，甚至会通过改变目前的环境来满足其自我实现的需求和对成功的渴望。

个人成长需求越高，员工希望从工作中不断学习、获得个人成长的渴望和意愿就越强烈，就会更加注重寻找和创造一切可能的学习成长的机会，在工作中的投入就越多，员工的工作绩效也就会更高。实证研究表明，个人成长需求与个体的工作绩效高度相关。具体而言，高个人成长需求的员工更渴望从工作中获得成就感，从而实现个人的成长和发展。对于自己人员工来说，得到了领导者的偏私对待意味着拥有更多的权力和资源。高个人成长需求的自己人员工会更加有效地利用自己获得的资源和权力，为自己创造更多的机会，在工作中投入更多的精力和热情。这必然会带来更高水平的员工绩效。低个人成长需求的自己人员工渴望成长和发展的程度较低，他们虽然得到了领导者的偏私对待，但是可能更倾向于安于现状，并不会为自己的成长和发展创造更多机会。因此，相对于高个人成长需求的员工，低个人成长需求的员工绩效水平不如高个人成长需求的员工高。基于上述分析，提出如下假设：

H5a：个人成长需求对工作型差序式领导与自己人员工角色内绩效的关系具有正向调节作用。

H5b：个人成长需求对工作型差序式领导与自己人员工角色外绩效的关系具有正向调节作用。

H5c：个人成长需求对情感型差序式领导与自己人员工角色内绩效的关系具有正向调节作用。

H5d：个人成长需求对情感型差序式领导与自己人员工角色外绩效的关系具有正向调节作用。

差序式领导虽然可以提高自己人员工的心理授权感知，但是并不是对每一个自己人员工的心理授权的作用效果都是相同的。研究表明，个人成长需求调节了领导行为和员工心理感知之间的关系。Hackman & Oldman 研究发现，个人成长需求调节了组织因素和员工心理和态度变量之间的关系。Wang, Liu & Zhu 研究发现，个人成长需求在谦逊型领导与员工心理资本之间起到正向调节作用。当个人成长需求较高时，自己人员工不仅能够意识到领导者在工作资源和情感资源方面对自己的偏私对待使自己的自我效能感、工作意义、工作自主性和工作影响发生重要变化，而且首先会感激领导者对自己资源分配上的偏私对待，从而获得更多的自我效能感，并从与领导者的互动中获得更大的心理授权感知。相反，当个人成长需求较低时，自己人员工不能清晰地认识到领导者对自己的偏私对待的价值和意义，在一定程度上削弱了差序式领导对其心理授权的影响。因此，提出如下假设：

H6a：个人成长需求对工作型差序式领导与自己人员工心理授权的关系具有正向调节作用。

H6b：个人成长需求对情感型差序式领导与自己人员工心理授权的关系具有正向调节作用。

高心理授权的自己人员工具有更积极的内在动机，自我效能感强，对工作意义、工作影响和工作自主性的感知强，因此具有更高的工作主动性和热情。他们愿意为了领导和组织目标的实现承担更多的责任，付出更多的努力，展现更多的热情，追求更高的员工绩效。高个人成长需求的个体会把握个人成长和发展的机会，有强烈的内部动机去完成复杂和具有挑战性的工作，因此他们会更加主动地开展工作，从而投入更多的精力和热情。这与高心理授权员工的表现很类似。在两个心理授权水平相当的自己人员工中，具有高个人成长需求的员工会相对投入更多的时间和精力去完成工作，从而获得更高的绩效水平。实证研究也表明，个人成长需求对个人的工作满意度、组织承诺具有重要调节作用，强化了工作意义、工作自主性对工作满意度和组织承诺的积极影响，而这些变量与员工绩效关系密切。因此，本书推论，在心理授权和个人成长需求的交互影响下，自己人员工绩效水平也会提高。基于上述分析，提出如下假设：

H7a：个人成长需求对自己人员工心理授权与角色内绩效的关系具有正向调节作用。

H7b：个人成长需求对自己人员工心理授权与角色外绩效的关系具有正向调节作用。

3.2.6 个人成长需求的有调节的中介作用

假设 1~4 提出，自己人员工的心理授权在差序式领导与自己人员工绩效之间的关系中起中介作用。假设 5~7 提出，自己人员工个人成长需求的不同，使得差序式领导对自己人员工绩效的影响、差序式领导对自己人员工心理授权的影响以及心理授权对自己人员工绩效的影响存在差异，个人成长需求是重要的情境变量。上文对于中介作用和调节作用的探讨是相互独立的，而实际上，差序式领导通过心理授权作用于自己人员工绩效的效果对于不同成长需求的员工来说也是存在差异的。因此，本书将进一步构建一个有调节的中介效应模型（moderated mediating effect model），即对于自己人员工而言，心理授权对差序式领导和员工绩效之间关系的中介效应受到个人成长需求的调节。基于上述分析，提出如下假设：

H8a：个人成长需求正向调节了心理授权对工作型差序式领导与自己人员工角色内绩效之间关系的中介作用强度。

H8b：个人成长需求正向调节了心理授权对工作型差序式领导与自己人员工角色外绩效之间关系的中介作用强度。

H8c：个人成长需求正向调节了心理授权对情感型差序式领导与自己人员工角色内绩效之间关系的中介作用强度。

H8d：个人成长需求正向调节了心理授权对情感型差序式领导与自己人员工角色外绩效之间关系的中介作用强度。

3.3 差序式领导对外人员工绩效作用机制的研究假设

3.3.1 差序式领导对外人员工绩效的影响

姜定宇、张菀真研究发现，差序式领导在工作资源和情感资源上对自己人员工偏私对待，不仅不会使外人员工产生不公平感知，相反还会提高外人员工的公平知觉。这是因为领导与员工的上下级互动，以及员工的心理和行为不可避免地受到中国传统文化的影响。首先，上下级互动遵循"尊尊"的原则，强调领导与员工的上下级关系和领导者的权威。领导者的下属应该对领导者毕恭毕敬，即使领导者对资源分配有失公平，只要适度，外人员工也会认为这是领导者权威的表现，通常都不会质疑，而是接受领导者对自己人员工在工作资源和情感资源方面的偏私对待。其次，上下级互动遵循"亲亲"的原则，强调领导者与员工的远近关系。因为领导者与自己人员工的关系较外人员工更近，所以领导者会给予自己人员工工作资源和情感资源上的额外照顾，其中夹杂着传统文化里的人情和特殊关系。领导者不可能对所有员工都一视同仁，虽然外人员工感知到了领导者对自己人员工的这种偏私对待，但是如果在合理范围内，也是可以接受的。就算领导者对自己人员工的偏私对待超过外人员工的接受范围，外人员工在面临对自己不利的形势时，不仅会出于"忍"的心理进行自我疏导、排解不良情绪，而且会蓄势待"时"而厚积薄发，为自己谋求更长远的利益和发展。

差序式领导所展现出的对自己人员工在情感资源和工作资源上的偏私对待，以及自己人员工在绩效方面积极表现这一"领导者-自己人员工"行为交互过程。根据替代学习理论（vicarious learning），当外人员工观察到自己人员工受到领导者的偏私对待时，自己人员工的行为和表现就为外人员工提供了得到领导者偏私对待的重要线索，激励外人员工为了获得领导者掌握的工作型资源，不断增强自己的能力，在工作中展现更多符合领导者期望的行为，甚至比自己人员工表现得还要好；为了获得领导者情感资源上的偏私对待，外人员工会更多地表明忠心，展现更多角色外行为。同时，外人员工为了获得领导者的注意，会刻意亲近领导者的自己人员工，因为自己人员工在一定程度上承担着"同事领导者"的角色。这样，外人员工不仅可以有机会通过领导者的自己人员工博得领导者的注意，而且可以对领导者有更全面的了解，如领导者最近的工作打算和工作动态，努力使自己的能力和行为跟上领导者的需要，等待合适时机展现自己的能力和忠心，给领导者留下深刻印象。再者，外人员工可以通过与自己人员工的合作，获得和分享自己人员工已掌握的资源。这就促使外人员工向自己人员工展现更多的利同事的角色外行为，从而提高角色外绩效。角色外行为是向领导者和自己人员工示好的手段，在此过程中，外人员工可以提升自己人员工的接受程度以及领导的认可度。因此，提出如下假设：

H9a：工作型差序式领导与外人员工的角色内绩效正相关。

H9b：工作型差序式领导与外人员工的角色外绩效正相关。

H9c：情感型差序式领导与外人员工的角色内绩效正相关。

H9d：情感型差序式领导与外人员工的角色外绩效正相关。

3.3.2 差序式领导对外人员工外群体偏爱的影响

Wright，Taylor & Moghaddam 指出，在资源分配不均等的情况下，容易派生出优势群体（高地位群体）和弱势群体（低地位群体）。自己人员工在工作资源和情感资源上被偏私对待，亦是一种资源分配不均等的体现。差序式领导对资源的不均等分配，使自己人员工群体得到了更多的信任和资源，而外人员工群体因与领导者交流较少而获得较少的信任和资源。因此，在团队中，领导者的自己人员工群体就可以被界定为"高地位群体（优势群体）"，外人员工群体可以界定为"低地位群体（弱势群体）"。大量研究表明，外群体偏爱尤其发生在低地位群体中。群体地位与外群体偏爱密切相关，个体所在的群体地位越低，就会表现出越高水平的外群体偏爱。低地位群体的外人员工较易对自己人群体产生外群体偏爱。根据社会认同理论中的共识性歧视，个体对其所处群体的认同程度能够预测其群体偏好程度。个体对所在内群体认同水平越高，内群体偏爱就越强；对所在内群体认同水平越低，外群体偏爱就越强。自己人员工群体和外人员工群体都能感知到自己人员工群体处于优势地位，外人员工群体处于劣势地位，因此自己人员工群体更加偏爱自己人员工群体，而外人员工群体由于处于不利地位，也会表现出对自己人员工群体的外群体偏爱。因此，提出如下假设：

H10a：工作型差序式领导会引发外人员工的外群体偏爱。

H10b：情感型差序式领导会引发外人员工的外群体偏爱。

3.3.3　外群体偏爱对外人员工绩效的影响

大量研究已经证明资源分配不均会导致高地位群体和低地位群体，以及低地位群体成员的外群体偏爱现象广泛存在。但是鲜有研究探讨外群体偏爱的影响和结果。根据社会认同理论，群体关系结构影响低地位群体中个体的策略选择和行为。当个体感知到群体边界不可渗透性，即个体不可能改变自己从属的群体，如种族、性别等先天形成的群体时，他们会产生无助感。当个体感知到群体边界具有可渗透特性，即个体可以改变自己从属的群体，向高阶层群体流动时，他们就会积极采取措施，通过提高自身地位，获取更积极的身份需求。Von Hippel 研究发现，临时工群体对正式员工群体表现出外群体偏爱，并努力寻找机会成为正式员工群体中的一员。差序式领导根据领导与员工的关系（亲）、忠诚度（忠）和才能（才）划分的自己人员工群体和外人员工群体，群体边界并不是一成不变的，而是动态归类的。对于外人员工群体来说，只要他们通过一定的努力就有可能改变自己现在所从属的群体。亲、忠、才的划分标准在中国文化情境下是相对合情合理的。如果具有外群体偏爱的外人员工有成为自己人员工的机会，他们就会采取积极措施提高自己的地位，并根据领导的分类标准不断提高自己。因此，外人员工会不断提高自己的业务能力，在工作中按时保质保量地完成领导指派的工作，全身心投入与其工作角色相关的事情中。另外，具有较高外群体偏爱的外人员工不仅会做好自己的本职工作，为了增加成为自己人员工的可能性，还会做更多本职工作以外的事情，如提前到达上班地点、主动加班、主动承担新的或者有挑战的工作、不断学习充实自己、主动帮助领导等，向领导表示自己的忠心和才能，从而提高自己的角色外绩效。因此，提出如下假设：

H11a：外群体偏爱与外人员工的角色内绩效正相关。

H11b：外群体偏爱与外人员工的角色外绩效正相关。

3.3.4 差序式领导对外人员工绩效的影响：基于外群体偏爱的中介作用

在组织行为研究领域，学者们通常会将环境因素与个体行为联系在一起，同时将环境因素与个体行为之间的中介作用机制作为"黑箱"进行研究。领导风格作为工作环境特征会被员工感知，进而影响员工的情感反应和认知态度，最终决定员工的行为结果。领导行为还会通过对员工情感水平和认知态度的影响对员工绩效产生影响。外人员工的外群体偏爱作为外人员工对自己目前所处群体情感认知和态度评价，会对员工的行为产生影响。差序式领导在工作资源和情感资源的分配上对自己人群体给予偏私对待，外人员工得到较少的工作上的资源，导致形成自己人员工的高地位群体地位和外人员工的低地位群体地位。外人员工因羡慕自己人员工的资源优势而产生外群体偏爱，希冀自己也能获得这些资源。另外，外群体偏爱作为外人员工绩效重要的内在驱动力，对外人员工的个人提升产生重要作用。在本书中，外界刺激就是组织环境因素（差序式领导），外人员工的个体态度或内在心理情感即外群体偏爱。外群体偏爱程度较高的外人员工，会通过观察自己人员工的行为和成功经验，努力达到并超越领导者的分类标准阈值。他们不仅会全身心投入自己的本职工作中，不断提高角色内绩效，而且会自觉践行角色外行为，表现出更多的组织公民行为。尽管目前还没有较多的研究差序式领导、外群体偏爱与外人员工绩效之间关系的文献，但是通过以上论述，本书认为差序式领导可以通过提高外人员工的外群体偏爱，提高外人员工的绩效水平。因此，提出如下假设：

H12a：外群体偏爱在工作型差序式领导与外人员工角色内绩效之间发挥中介作用。

H12b：外群体偏爱在工作型差序式领导与外人员工角色外绩效之间发挥中介作用。

H12c：外群体偏爱在情感型差序式领导与外人员工角色内绩效之间发挥中介作用。

H12d：外群体偏爱在情感型差序式领导与外人员工角色外绩效之

间发挥中介作用。

3.3.5　个人成长需求的调节作用

Huang & Iun 研究表明，具有高成长需求的个体比低成长需求的个体更能接受工作的挑战性和难度，更能独立思考，在工作中不断学习，不断充实自己，进而达到自我成长的目标。Hackman & Oldham 研究表明，高成长需求的个体更有动力去完成复杂和具有挑战性的工作。Elias 研究表明，高个人成长需求的员工拥有持续的内部动力，能在面对挑战和有工作压力时坚持不懈，并努力克服挑战和减轻工作压力。高个人成长需求的员工一般不会被动等待，而会主动寻找和创造机会满足个人成长和发展的需求，甚至会改变当时的环境来满足其对自我实现的需求和对成功的渴望。可见，个人成长需求与积极的工作态度正相关，而工作态度与工作绩效息息相关。差序式领导在资源分配上对外人员工不利，但是对于高成长需求的外人员工来说，他们虽然没有得到领导者在资源分配上的偏私对待，但是他们不会满足现状，也不会被动等待，而会将没有得到领导者资源上的偏私对待视为对自己的挑战，用强大的内部动力去接受挑战。他们通过不断提高自己的知识和技能水平，创造性地完成工作，克服挑战，改变对自己不利的环境，为自己创造学习和发展的机会，从而提高工作绩效。相反，对于低个人成长需求的外人员工来说，即使他们没有得到领导者的偏私对待，他们也不会主动改变对自己不利的环境，而是被动接受。因此，提出如下假设：

H13a：个人成长需求对工作型差序式领导与外人员工角色内绩效的关系具有正向调节作用。

H13a：个人成长需求对工作型差序式领导与外人员工角色外绩效的关系具有正向调节作用。

H13c：个人成长需求对情感型差序式领导与外人员工角色内绩效的关系具有正向调节作用。

H13d：个人成长需求对情感型差序式领导与外人员工角色外绩效的关系具有正向调节作用。

研究表明，高成长需求的个体更加关注来自领导者的反馈，改变对自己不利的环境。他们不会被动地适应和顺从环境，而是会积极寻找机会以满足他们对个人成长和发展的需要。Huang & Iun 研究表明，个人成长需求与个体对工作环境的反应密切相关。即使处于不利的工作环境中，高成长需求的个体仍有积极的工作相关成就的导向，有更强的动机去改变不利情况。因此，一个具有高成长需求的员工，不仅会让自己成为对组织对领导有用的人，同时也会不断提升个人能力，并且对未来的职业生涯有更高的自我期许。Wang, Liu & Zhu 研究发现，个人成长需求在谦逊型领导与员工心理资本之间起正向调节作用。具体而言，如果高个人成长需求的个体被划分在领导的外人员工群体中，其所处的地位会抑制其学习新知识、获得成就感，从而阻碍其自我实现，那么高个人成长需求的个体就会寻找机会突破现状。自己人员工群体能够得到更多的工作资源和情感资源，这些资源对高成长需求的外人员工来说意义重大，可以满足他们个人成长和发展的需求，因此他们会对自己人员工群体产生偏爱并希冀自己成为领导者"自己人"的一员，从而表现出强烈的外群体偏爱。低个人成长需求的员工则会安于现状，外群体偏爱程度相对较低。因此，个人成长需求可能会调节差序式领导与外人员工的外群体偏爱的关系。基于上述分析，提出如下假设：

H14a：个人成长需求对工作型差序式领导与外人员工外群体偏爱的关系具有正向调节作用。

H14b：个人成长需求对情感型差序式领导与外人员工外群体偏爱的关系具有正向调节作用。

差序式领导对自己人员工在工作资源和情感资源上的偏私对待，使外人员工感受到自己与自己人员工在资源分配上的差异。外人员工会对自己未受到领导者的偏私对待进行归因：与领导的关系是否亲近；是否对领导展现足够的忠诚；是否在工作上有胜任力。这些原因会为外人员工如何获得领导者的偏私对待提供线索。具有高外群体偏爱的外人员工会采取积极措施并根据领导者的分类标准不断提高自己。具有高成长需求的外人员工在面临对自己不利的环境时，并不会被动等待机会，而会产生改变现状的强烈内在动机，将更多的精力投入改变对自己不利环境中去。具体而言，具有高成长需求的外人员工有改变对自己不利环境的强烈动机，能根据对目前不利环境的归因，重新审视自己与领导的关系、对领导的忠诚度以及自己的能力，进而改变对自己不利的环境、提高与领导的亲近关系、展现更多的忠诚度、提高自己的能力，达到并超过领导者归类的阈值，提高绩效。因此，提出如下假设：

H15a：个人成长需求对外人员工外群体偏爱与角色内绩效的关系具有正向调节作用。

H15b：个人成长需求对外人员工外群体偏爱与角色外绩效的关系具有正向调节作用。

3.3.6　个人成长需求的有调节的中介作用

假设 9~12 提出外人员工的外群体偏爱在差序式领导与外人员工绩效之间的关系中起中介作用。假设 13~15 提出外人员工的个人成长需求不同，导致差序式领导对外人员工绩效的影响、差序式领导对外人员工外群体偏爱的影响以及外群体偏爱对外人员工绩效的影响存在差异。个人成长需求是重要的情境变量。上文对中介作用和调节作用的探讨是相互独立的，实际上，差序式领导通过外群体偏爱作用于外人员工绩效的效果对不同成长需求的外人员工来说也是存在差异的。现有研究发现，不同个人成长需求的员工会有不同的心理资本、情感承诺，这也会对员工的态度和行为产生影响。因此，对于外人员工来说，不同个人成长需求的员工在面对差序式领导对自己人员工偏私对待时产生的外群体偏爱程度会有所差异。高个人成长需求的外人员工在面对来自领导者的差别对待时，不会消极等待、满足现状，而会积极寻找机会改变目前所处的境况，从而在情感评价和行动倾向上展现出程度相对较高的外群体偏爱，努力成为领导"自己人"中的一员。在外群体偏爱这一内部动机的影响下，外人员工会不断提高其绩效。低个人成长需求的个体则会倾向于接受领导者的差别对待，满足现状，不期待改变自己所处的地位，从而表现出程度较低的外群体偏爱和较低的员工绩效。可见，个人成长需求在差序式领导通过外人员工的外群体偏爱间接影响员工绩效的过程中，发挥一定的调节作用。

通过对文献的梳理，可以发现外群体偏爱对差序式领导与员工绩效的关系起中介作用，外群体偏爱中介作用效果的大小取决于外人员工个人成长需求的高低。高个人成长需求的外人员工更加需要在工作中获得满足感，更加看重工作带来的成长和发展机会。在感受到领导者在资源分配中对自己人员工的偏私对待后，高个人成长需求的外人员工会对自己人员工群体产生更强烈的外群体偏爱，进而在这种内部动机的影响下提高员工绩效。相反，低个人成长需求的外人员工更倾向于安于现状，从而差序式领导对外人员工绩效的影响也就较少通过外群体偏爱传导。本书将进一步构建一个有调节的中介效应模型（moderated mediating effect model），即对于外人员工而言，外群体偏爱对差序式领导和员工绩效之间关系的中介效应受个人成长需求调节。因此，提出如下假设：

H16a：个人成长需求正向调节了外群体偏爱对工作型差序式领导与外人员工角色内绩效之间关系的中介作用强度。

H16b：个人成长需求正向调节了外群体偏爱对工作型差序式领导与外人员工角色外绩效之间关系的中介作用强度。

H16c：个人成长需求正向调节了外群体偏爱对情感型差序式领导与外人员工角色内绩效之间关系的中介作用强度。

H16d：个人成长需求正向调节了外群体偏爱对情感型差序式领导与外人员工角色外绩效之间关系的中介作用强度。

3.4 差序式领导对员工绩效的影响及其作用机制的假设汇总

根据上述分析，本书构建了差序式领导对员工绩效影响的理论框架。单一地研究差序式领导对员工绩效的影响是不全面的，还应研究差序式领导对员工绩效的作用机制。这是因为领导行为首先会影响员工的动机、认知和情感等心理方面的反应，进而影响员工的行为结果变量。由于差序式领导通过一定的标准将员工分为"自己人"和"外人"，而"自己人"和"外人"对差序式领导的感知立场并不一致。自己人员工从当事人的角度感受差序式领导，是受益方；外人员工从对立面的视角感受差序式领导，是不利方。考虑到员工异质性，本书从领导者的自己人员工和外人员工两个视角出发分别研究差序式领导对自己人和外人员工绩效影响的不同作用机制：对于自己人员工，构建了心理授权作为差序式领导对员工绩效影响的中介作用机制模型；对于外人员工，构建了外群体偏爱作为差序式领导对员工绩效影响的中介作用机制模型。同时，考虑到员工的个性特征是研究领导行为、个体行为和态度变量的调节变量，本书还建立了个人成长需求对心理授权在差序式领导与自己人员工绩效之间关系中介效应的调节作用模型，以及个人成长需求对外群体偏爱在差序式领导与外人员工绩效之间关系中介效应的调节作用模型。差序式领导对员工绩效影响的总体理论框架如图 3.1 所示。

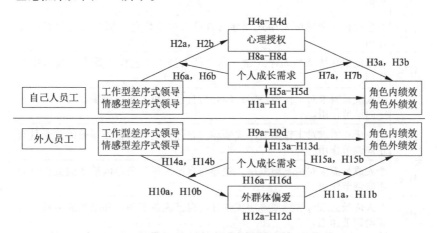

图 3.1　差序式领导对员工绩效影响的理论框架

因此，差序式领导对自己人员工绩效的影响及作用机制的假设有 8 组，差序式领导对外人员工绩效的影响及作用机制的假设也有 8 组，具体假设汇总情况见表 3.1。

表 3.1   假设汇总表

假设	内容
H1a	工作型差序式领导有利于提高自己人员工的角色内绩效。
H1b	工作型差序式领导有利于提高自己人员工的角色外绩效。
H1c	情感型差序式领导有利于提高自己人员工的角色内绩效。
H1d	情感型差序式领导有利于提高自己人员工的角色外绩效。
H2a	工作型差序式领导有利于提高自己人员工的心理授权。
H2b	情感型差序式领导有利于提高自己人员工的心理授权。
H3a	心理授权对自己人员工的角色内绩效有积极影响。
H3b	心理授权对自己人员工的角色外绩效有积极影响。
H4a	心理授权在工作型差序式领导与自己人员工角色内绩效之间具有中介作用。
H4b	心理授权在工作型差序式领导与自己人员工角色外绩效之间具有中介作用。
H4c	心理授权在情感型差序式领导与自己人员工角色内绩效之间具有中介作用。
H4d	心理授权在情感型差序式领导与自己人员工角色外绩效之间具有中介作用。
H5a	个人成长需求对工作型差序式领导与自己人员工角色内绩效的关系具有正向调节作用。
H5b	个人成长需求对工作型差序式领导与自己人员工角色外绩效的关系具有正向调节作用。
H5c	个人成长需求对情感型差序式领导与自己人员工角色内绩效的关系具有正向调节作用。
H5d	个人成长需求对情感型差序式领导与自己人员工角色外绩效的关系具有正向调节作用。
H6a	个人成长需求对工作型差序式领导与自己人员工心理授权的关系具有正向调节作用。
H6b	个人成长需求对情感型差序式领导与自己人员工心理授权的关系具有正向调节作用。
H7a	个人成长需求对自己人员工心理授权与角色内绩效的关系具有正向调节作用。
H7b	个人成长需求对自己人员工心理授权与角色外绩效的关系具有正向调节作用。

假设	内容
H8a	个人成长需求正向调节了心理授权对工作型差序式领导与自己人员工角色内绩效之间关系的中介作用强度。
H8b	个人成长需求正向调节了心理授权对工作型差序式领导与自己人员工角色外绩效之间关系的中介作用强度。
H8c	个人成长需求正向调节了心理授权对情感型差序式领导与自己人员工角色内绩效之间关系的中介作用强度。
H8d	个人成长需求正向调节了心理授权对情感型差序式领导与自己人员工角色外绩效之间关系的中介作用强度。
H9a	工作型差序式领导与外人员工的角色内绩效正相关。
H9b	工作型差序式领导与外人员工的角色外绩效正相关。
H9c	情感型差序式领导与外人员工的角色内绩效正相关。
H9d	情感型差序式领导与外人员工的角色外绩效正相关。
H10a	工作型差序式领导会引发外人员工的外群体偏爱。
H10b	情感型差序式领导会引发外人正相关的外群体偏爱。
H11a	外群体偏爱与外人员工的角色内绩效正相关。
H11b	外群体偏爱与外人员工的角色外绩效正相关。
H12a	外群体偏爱在工作型差序式领导与外人员工角色内绩效之间发挥中介作用。
H12b	外群体偏爱在工作型差序式领导与外人员工角色外绩效之间发挥中介作用。
H12c	外群体偏爱在情感型差序式领导与外人员工角色内绩效之间发挥中介作用。
H12d	外群体偏爱在情感型差序式领导与外人员工角色外绩效之间发挥中介作用。
H13a	个人成长需求对工作型差序式领导与外人员工角色内绩效的关系具有正向调节作用。
H13b	个人成长需求对工作型差序式领导与外人员工角色外绩效的关系具有正向调节作用。
H13c	个人成长需求对情感型差序式领导与外人员工角色内绩效的关系具有正向调节作用。
H13d	个人成长需求对情感型差序式领导与外人员工角色外绩效的关系具有正向调节作用。

假设	内容
H14a	个人成长需求对工作型差序式领导与外人员工外群体偏爱的关系具有正向调节作用。
H14b	个人成长需求对情感型差序式领导与外人员工外群体偏爱的关系具有正向调节作用。
H15a	个人成长需求对外人员工外群体偏爱与角色内绩效的关系具有正向调节作用。
H15b	个人成长需求对外人员工外群体偏爱与角色外绩效的关系具有正向调节作用。
H16a	个人成长需求正向调节了外群体偏爱对工作型差序式领导与外人员工角色内绩效之间关系的中介作用强度。
H16b	个人成长需求正向调节了外群体偏爱对工作型差序式领导与外人员工角色外绩效之间关系的中介作用强度。
H16c	个人成长需求正向调节了外群体偏爱对情感型差序式领导与外人员工角色内绩效之间关系的中介作用强度。
H16d	个人成长需求正向调节了外群体偏爱对情感型差序式领导与外人员工角色外绩效之间关系的中介作用强度。

3.5 本章小结

本章在理论和文献的基础上阐述了差序式领导对员工的不同归类导致的员工异质性，以及差序式领导对自己人和外人员工绩效影响的不同作用机制，据此提出假设并建立理论框架。本书的理论框架分为两条主线：差序式领导对自己人员工绩效的影响及其间的作用机制、差序式领导对外人员工绩效的影响及其间的作用机制。

第4章　量表设计与预调研

前面章节已经对差序式领导、员工绩效、心理授权、外群体偏爱等做了相关文献回顾，并且通过理论和文献回顾构建了差序式领导通过影响员工不同的心理和态度，进而影响员工绩效的理论框架。本章主要解决这些变量的测量问题，进而为实证研究提供可靠的测量工具。对于差序式领导、员工绩效、心理授权和个人成长需求，已经存在成熟测量量表，可结合需要适当修正后使用以适合情境；对于外群体偏爱，目前还没有适合的测量工具，因此需要对其进行开发，形成初始问卷，对初始问卷进行预调研，根据实证研究结果对初始问卷进行修正，最终形成正式量表。

4.1　问卷的构成

"家族企业差序式领导对员工绩效的影响及其作用机制研究"的调查问卷采取"团队领导，员工配对取样"的调查方式进行，包含分别针对领导和员工的两套调查问卷，以避免抽样过程中可能带来的同源误差问题。员工调查问卷主要由两部分组成：第一部分是引导语和被试的基本信息，包括被试的年龄、性别、文化程度、与现在主管的共事时间以及所在部门等信息；第二部分是问卷的主体部分，包括个人成长需求、差序式领导、领导者区分自己人员工和外人员工的标准、员工类别、心理授权和外群体偏爱。领导调查问卷也由两部分组成：第一部分是引导语和被试的基本信息，包括被试的年龄、性别、文化程度、在任时间，以及所在部门、团队总人数等信息；第二部分是问卷的主体部分，包括被调查团队员工姓名、员工类别、员工绩效（角色内绩效和角色外绩效）的评价。为了力求保证获得高质量的数据，本书基本采用比较成熟的量表对变量进行测量，对于自行开发的外群体偏爱量表也是依据变量的内涵和理论、遵循 Hinkin 提出来的规范量表开发程序，并与本领域的专家和老师进行多次讨论和修改形成的，尽可能保证量表的适用性和质量。除了第一部分被试的个人信息以外，其余变量均采用李克特 5 级评分法，"1"表示非常不符合，"2"表示不符合，"3"表示一般，"4"表示符合，"5"表示非常符合。

4.2 变量的测量

4.2.1 差序式领导的量表及其修正

谢佩儒开发了差序式领导两维度测量量表，认为差序式领导包括工作型差序式领导（work-based differential leadership，WDL）和情感型差序式领导（affect-based differential leadership，ADL）两个维度。本书使用上述量表作为差序式领导的测量工具，主要原因如下：① 差序式领导两维度量表尚未在中国大陆地区进行验证。② 差序式领导两维度量表与姜定宇、张菀真开发的量表都源于领导对资源管理的偏私对待这一视角，只是偏私对待的具体表现划分不同。③ 差序式领导两维度量表是基于资源理论和资源分配理论开发的，具有一定的理论基础。差序式领导两维度量表包含 20 个题项，本书根据中国大陆地区语言习惯对其中有较大差异的题项进行了修改。例如，将所有题项中的"部属"改成"员工"，将题项"更关心自己人部属的生活起居"改成"更关心自己人员工的日常生活"，将题项"对自己人部属展现更多的同理心"改成"更加设身处地地为自己人员工着想"等。最终形成的差序式领导量表见表 4.1。该量表由员工进行评价，得分越高表明团队中领导者的差序式领导程度越高，对自己人员工的偏私对待程度越高。

表 4.1　差序式领导量表

差序式领导 （DL）	测量题项
DL1	赋予自己人员工较大的责任
DL2	给予自己人员工较多参与决策的机会
DL3	让自己人员工在团队内担任重要的职务
DL4	给予自己人员工较快的升迁速度
DL5	给予自己人员工较多的培训和进修机会
DL6	给予自己人员工较多的金钱奖赏
DL7	允许自己人员工灵活、自主地选择工作的具体时间
DL8	给予自己人员工较多可以获得绩效和奖励的机会
DL9	给予自己人员工较多工作上可运用的资源（如人员、设备和预算）
DL10	给予自己人员工较多的福利
DL11	与自己人员工在情感上较接近
DL12	更关心自己人员工的日常生活
DL13	给予自己人员工较多的情感支持
DL14	更加设身处地地为自己人员工着想
DL15	对自己人员工吐露内心的真实想法
DL16	对自己人员工更加信赖
DL17	给予自己人员工较多的关怀和特殊照顾，且关心其家人
DL18	对自己人员工的态度比较和善
DL19	较多与自己人员工谈论私人事情
DL20	对自己人员工嘘寒问暖

4.2.2　员工绩效的量表及其修正

员工绩效主要包括角色内绩效和角色外绩效两方面。角色内绩效是组织正式体制下所规范的员工行为，员工根据组织规范设定的任务而工作，并据此进行绩效评估；角色外绩效是非组织正式规范的员工行为，超过组织正式规范的内容，超越本职工作角色。凡是有助于主管、同事的行为，以及维护组织利益的行为等，都属于角色外绩效。对于角色内绩效的测量，本书有选择地采用被学者广泛使用的 Williams & Anderson 开发的量表，并借鉴屠兴勇等的研究，最终得到的角色内绩效量表（见表4.2）。该表由员工所在团队领导者进行评价，得分越高表明员工的角色内绩效越好。对于角色外绩效的测量，本书采用 Farth 等设计的量表，共20个题项，包括认同组织、保护公司资源、帮助同事、敬业负责、维系人际和谐五个维度。刘家国、周媛媛和石倩文认为其中一些题项可能造成被试反感，不愿意作答，因此对这些题项进行了修订，但是仍然包含3个反向题项。鉴于中国人不习惯用反向题项，经过与专家反复讨论，本书将3个反向题项变成正向计分题项，将"利用公司的资源（如电话、复印机、电脑和汽车等）做些自己的事情"改成"节约使用公司资源（如电话、复印机、电脑和汽车等）"，将"工作时间会做些私事"改成"从不在工作时间处理自己的私事"，将"会为一些私事请病假"改成"从不因为私事请病假"。最终得到的角色外绩效量表见表4.3。同样，该表由员工所在团队领导者评价，得分越高表明员工的角色外绩效越好。

表 4.2　角色内绩效量表

角色内行为绩效（IP）	测量题项
IP1	该员工可以圆满地完成领导安排的工作
IP2	该员工可以履行岗位职责
IP3	该员工可以保质保量地完成该做的工作
IP4	该员工可以达到工作上所要求的绩效考核标准
IP5	该员工可以全身心投入与绩效考核相关的工作事项中

表 4.3　角色外绩效量表

角色外绩效（EP）	测量题项
EP1	该员工会努力维护公司形象
EP2	该员工会主动对外介绍本公司优秀之处并澄清他人对本公司的误解
EP3	该员工会主动思考并提出有利于公司发展的合理化意见
EP4	该员工会积极参加公司的相关会议
EP5	该员工节约使用公司资源（如电话、复印机、电脑和汽车等）

角色外绩效 （EP）	测量题项
EP6	该员工从不在工作时间处理自己的私事
EP7	该员工从不因为私事请病假
EP8	该员工主动帮助新同事尽快适应工作环境
EP9	该员工乐意帮助同事解决工作上的困难
EP10	该员工主动分担或代理同事的工作
EP11	平时该员工会主动与同事协调沟通
EP12	该员工协助解决同事之间的误会和纠纷，维护人际关系和谐
EP13	该员工维护团队团结，从不在背后议论其他同事
EP14	该员工能与同事建立融洽而良好的关系
EP15	该员工不计较与同事之间的过节
EP16	该员工上班经常早到，并着手开展工作
EP17	该员工认真工作，很少犯错误
EP18	即使没有人看到，该员工仍然自觉遵守公司的规章制度
EP19	该员工从不挑拣工作，乐意接受有挑战性的任务
EP20	为了提高工作效率，该员工会不断通过学习充实自己

4.2.3　心理授权的量表及其修正

Spreitzer 认为心理授权由员工感知到的工作意义、自我效能、自主性和影响力四个维度组成，反映员工的内在工作动力。该量表得到了学术界的广泛使用，具有较高的信度和效度。李超平等根据 Spreitzer 的研究，在中国文化情境中检验心理授权量表，并根据中国文化情境进行修正，最终形成中文版的心理授权量表。他们认为心理授权是员工对其"工作意义、自主性、自我效能和工作影响"的自我认知。该量表贴近中国文化组织情境，是目前国内学者在该领域使用最广泛的量表。汤学俊和郑晓明、刘鑫均证明了该中文版的心理授权量表具有较高的信度和效度。因此，本书也将使用李超平等修订的中文版心理授权量表，包括 12 个题项。由于本书的研究对象是工作团队中的员工，因此将题项中的"本部门"改成"所在团队"，最终得到的心理授权量表（见表 4.4）。得分越高表明自己人员工的心理授权水平越高。

表 4.4　心理授权量表

心理授权 （PE）	测量题项
PE1	我所做的工作对我来说非常有意义
PE2	工作上所做的事对我个人来说非常有意义
PE3	我的工作对我来说非常重要
PE4	我自己可以决定如何来着手来做我的工作
PE5	在如何完成工作上，我有很大的独立性和自主权
PE6	在决定如何完成我的工作上，我有很大的自主权
PE7	我掌握了完成工作所需要的各项技能
PE8	我相信自己有做好工作上的各项事情的能力
PE9	我对自己完成工作的能力非常有信心
PE10	我对所在团队有很大的影响力
PE11	我对发生在所在团队的事情起着很大的控制作用
PE12	我对发生在所在团队的事情有重大的影响

4.2.4　个人成长需求的量表及其修正

个人成长需求（growth need strength，GNS）是指个人希望从其工作中得到满足的程度。Oldham & Hackman 指出，个人成长需求是指个人在工作中重视个人成长和发展的机会。工作中的成长需求包括个体渴望从工作中学习新知识、获得有意义的成就感、在工作中发挥个人潜能以达到自我实现的目的，反映了个体对现状的敏感程度和满足程度，是一个人较高层次的需求。对于个人成长需求的测量，本书采用被学者广泛使用的由 Hackman & Oldham 开发的个人成长需求的6 题项量表。张一驰等对该量表在中国情境下进行了检验，证明该量表在中国文化背景下同样具有有效性。本书关于个人成长需求的最终的测量题项见表 4.5。得分越高表明员工的个人成长需求越大。

表 4.5　个人成长需求量表

个人成长 需求（PGN）	测量题项
PGN1	我喜欢工作中的刺激和挑战
PGN2	获得工作成就感对我来说很重要

个人成长 需求（PGN）	测量题项
PGN3	工作中自我成长和发展的机会对我来说很重要
PGN4	我喜欢在工作中独立思考和行动
PGN5	我喜欢在工作中尽情发挥自己的创造力
PGN6	我喜欢利用工作中的各种机会去增长自己的知识和技能

4.2.5　外群体偏爱测量量表的开发

从现有研究来看，首先，外群体偏爱属于心理学和社会学概念，主要集中于由种族、性别、社会地位等原因造成的不同群体的心理研究，较少见于管理学和组织行为学领域的研究。其次，对外群体偏爱的研究主要集中于外群体偏爱产生的原因，极少数文献探讨了外群体偏爱的结果变量。究其原因，是对外群体偏爱的概念、维度以及测量研究得不充分，而且外群体偏爱的研究对象大都集中于由种族、性别、身份等不易改变的社会因素导致的不同群体对象的研究，并没有考虑群体地位稳定性（status stability）、地位合法性（legitimacy）以及群体可渗透性（permeability）的社会结构因素。以往对外群体偏爱的研究大多是在群体地位十分稳定、群体地位不合法并且群体渗透性很差的社会结构中。群体渗透性会影响群体成员对地位差异的反应。如果群体边界是可渗透的，群体地位是合法的，那么低地位群体成员不仅容易产生外群体偏爱，而且会采取向上流动的策略。本书探讨的差序式领导划分的自己人群体和外人群体就具有群体边界可渗透性、群体地位合法的特点，与目前研究外群体偏爱的群体特征有所不同，因此有必要基于华人文化情境对外群体偏爱的概念、维度和测量进行深入研究。

本部分探讨外群体偏爱的概念和内涵，进而明确外群体偏爱的维度，通过归纳法和演绎法明确每个维度对应的测量题项。然后，通过访谈和实证验证外群体偏爱的维度以及相应的测量题项，形成适合的外群体偏爱的测量量表，为接下来的实证研究提供可靠的测量依据。

4.2.5.1 外群体偏爱概念的界定

根据 MacKenzie 等提出来的观点，在进行量表开发之前，需要明确要测量构念的性质。外群体偏爱是与内群体偏爱的相对概念，最早是由西方心理学家发现的，也是研究群际关系的重要方向之一。对外群体偏爱的概念的界定，学术界并没有达成共识。Greenwald 等认为，低地位群体的成员在认知、情感与行为倾向上表现出对外群体的偏爱。Jost，Pelham & Carvallo 将外群体偏爱定义为低地位群体成员在情感评价和行为决策上表现出对高地位群体的积极态度。严义娟和佐斌将外群体偏爱定义为人们在评价和行为上表现出对外群体的偏爱倾向。因此，本书将差序式领导情境下的外群体偏爱定义如下：由于差序式领导在情感和工作资源分配上对自己人员工群体的偏私对待，外人员工群体中的员工在情感评价和行为倾向上表现出对领导者自己人员工群体偏爱的情感和态度。

4.2.5.2 外群体偏爱维度的划分

外群体偏爱是一种态度变量，态度是对给定的特定对象做出有利或者不利反应的一种倾向，是人们对客观事物（人、事件、物体、观点等）以一定方式做出来的内在的、持续稳定评价的心理倾向，通常包含认知（conitive）、情感（affective）和行为倾向（behavioral tendency）三个部分。认知是指个体对客观对象的信念、看法和评价；情感是指个体对客观对象喜欢与不喜欢、接纳或排斥的内心体验；行为倾向是指个体对客观对象做出的行为意向，是行动发生以前的准备状态。关于态度的结构，有一元论、二元论和三元论。一元论认为认知、情感和行为任何一个维度都是态度的结构；二元论认为态度由认知和情感两部分构成，主要原因是态度里面混杂了行为的成分；三元论认为态度由认知、情感和行为倾向三部分构成。在三成分分法的基础上，Olson & Mario 提出关于态度本质的几个理论观点。一是三成分论（tri-component），该理论认为态度是一个单一实体概念，包含情感、认知和行为倾向三部分。这种理论要求三成分高度一致，因此在实际应用中有效性和实用性不足。后来有学者提出，有些态度可能并不会同时具备这两个特性。例如，有些人的态度具有一致的情感和认知成分，有些人则可能只重视认知或情感一个成分。尽管三成分论在指出态度的构成上具有很好的启发意义，但是把它作为态度的正式模型仍有难度。二是离散论（separate entity），该理论认为三成分不一定相关。三是潜在进程论（latent process），该理论认为态度可能由客观事物刺激引起的情感、认知和行为倾向中的一种、两种或三种组成。潜在进程论避免了三成分论的高度一致，同时也避免了离散论的过度简化，是目前学术界最认可的理论。因此，本书将外群体偏爱看作一个两维度的态度类型构念。迈尔斯认为态度是情感和认知的统一，并且有很多学者在研究态度时将情感和认知合为一体。根据外群体偏爱的定义，可以将外群体偏爱分为情感评价上的外群体偏爱和行为倾向上的外群体偏爱两个维度。其中，情感评价上的外群体偏爱是个体在内心情感和评价上对领导者自己人员工群体的喜爱；行为倾向上的外群体偏爱是个体因对领导者自己人员工群体的喜爱而自发表现出一些主动性的行为倾向。

4.2.5.3　外群体偏爱量表的开发

（1）初始量表题项开发

根据外群体偏爱概念、理论和维度的分析，在明确了外群体偏爱构念的理论边界后，就可以在此基础上进行操作了。Hinkin 提出两种开发指标和题项的方法：演绎法（deductive approach）和归纳法（inductive approach）。演绎法指研究者通过整合已有文献，对构念进行界定，确定测量指标和题项应该涵盖的范围，通过对概念的了解发展测量指标和题项。这是一种自上而下开发量表的模式。归纳法指研究者并不清楚构念的操作和具体内容，需要通过定性的方法去研究。研究者需要尽可能多地通过各种方法收集相关描述，经过筛选、分类，进一步发展初步量表。本书将结合两种方法发展量表：一方面，通过整合已有文献发展测量题项；另一方面，在提炼相关文献的基础上，通过半结构访谈等质性研究方法收集与修正外群体偏爱相关的测量题项。

本书首先通过整理已有文献发现，情感评价上的外群体偏爱（out-group favoritism in affective evaluation，A-OF）可以借鉴 Wright 等和 Stephan 等的研究成果，行为倾向上的外群体偏爱（out-group favoritism in behavioral tendency，B-OF）可以借鉴 Christ 等、Turner，West & Christie，以及 Kenworthy 等的研究成果。笔者邀请了 7 名心理学和管理学领域的老师和专家对外群体偏爱的测量题项进行讨论。首先向专家介绍外群体偏爱理论、概念、维度的划分和已收集到的题项，然后邀请老师和专家进行讨论、补充和修改，最后形成外群体偏爱的初始量表。借助长三角地区工商业联合会的帮助、学校 MBA 学员以及课题组成员的个人关系网络，打电话询问并确定可以接受访谈的家族企业，然后带着对外群体偏爱的初始量表，对愿意接受访谈的家族企业员工进行半结构访谈。在访谈时，首先向受访者解释差序式领导的概念和内涵，然后询问受访者服务的工作团队中的领导是否有差序式领导的行为。大部分访谈对象都认为他们所在工作团队中的领导或多或少存在差序式领导的行为，并且也存在领导者的自己人员工群体和外人员工群体。通过询问受访者是自己人员工群体还是外人员工群体成员，向其解释外群体偏爱的定义。如果他们是自己人员工群体成员，询问团队中外人员工群体成员的表现；如果他们是外人员工群体成员，询问他们是否有对自己人员工群体有偏，有的话有哪些具体表现。经过访谈发现：外人员工会表现出一定的外群体偏爱，那些安于现状的外人员工的外群体偏爱程度较低或者没有。通过访谈，加深了对外群体偏爱的理解，同时根据受访者的访谈情况调整初始测量题项、增加未考虑到的题项。在情感评价维度，增加了"领导的自己人具有一定优势"1 个题项。最后，邀请老师和专家围绕上述确定的测量题项进行讨论，主要讨论题项翻译和表述是否准确、测量量表是否合理。最后，专家一致认为"对于领导的自己人群体，我有亲近感"和"对于领导的自己人群体，我有好感"意思较接近，故删除一个题项，最终形成包含 11 个题项、两个维度的外群体偏爱初始量表，见表 4.6。

表 4.6 外群体偏爱初始量表

		测量题项
情感评价 上的外群 体偏爱 （A-OF）	A-OF1	领导的自己人具有一定优势
	A-OF2	我很羡慕领导的自己人
	A-OF3	成为领导的自己人能使我获得一些价值
	A-OF4	对于领导的自己人群体，我有好感
	A-OF5	我希望自己成为领导自己人群体的一员
行为倾向 上的外群 体偏爱 （B-OF）	B-OF1	我会努力成为领导的自己人
	B-OF2	我会把领导的自己人视为学习的典范
	B-OF3	我会主动接近领导的自己人
	B-OF4	当领导的自己人遇到困难时，我会主动帮助他
	B-OF5	我更愿意与领导的自己人一起工作
	B-OF6	与领导的自己人在一起时，我很开心

（2）编制问卷

基于前文对外群体偏爱初始量表的开发，编制外群体偏爱的调查问卷，以检验和确认外群体偏爱的维度和最终题项。问卷包含三个主要部分。第一部分是被调查对象的人口统计学特征，包括年龄、性别、教育水平、与现任领导的共事时间、所在部门以及在目前企业的服务时间。第二部分是确认被调查对象的分类，首先向被调查对象介绍差序式领导的含义，然后请被调查者根据自己的实际情况评价领导者将团队成员分为"自己人"和"外人"的分类标准，并进行自我身份识别，以确认被调查者是"自己人"还是"外人"。只有属于"外人"的被调查者才能继续该问卷。第三部分是该问卷的主体部分，共包含 11 个初始测量题项。问卷中题项的测量量尺采用李克特 5 级评分法，被调查对象根据自身实际感知情况进行评分。

（3）数据收集与样本情况

本书的研究对象是中国大陆地区的家族企业，这里的外群体偏爱来自华人文化情境、具有浓厚的文化色彩。由于长三角地区是家族企业最聚集的地区之一，因此本书的问卷收集范围为长三角地区的家族企业。受时间和成本的限制，本研究主要借助长三角地区工商业联合会的帮助、学校 MBA 学员以及课题组成员的个人关系网络，如在长三角地区拥有家族企业的亲戚、朋友，在家族企业工作的亲戚、朋友。通过电话取得对方许可、确定好具体时间，课题组成员到现场发放问卷。本次调研共发放 700 份问卷，回收 676 份问卷。剔除选项填写完全相同、明显乱填、漏填信息过多的问卷 43 份，共回收有效问卷 633 份，有效率为 90.43%。其中，属于自己人员工的被调查对象有 306 人，占比 48.34%；属于外人员工的调查对象有 327 人，占比 51.66%。外人员工中，男性 187 人，占 57.19%；女性 140 人，占 42.81%。调研对象的年龄主要集中在 26~35 岁，占总调研对象的 68.50%，56 岁以上被试最少。调研对象受教育程度都比较高，其中拥有大专以上学历的有 291 人，占总人数的 88.99%。来自行政人事、财务会计、销售采购、研发技术、生产制造等主要职能部门的被试有 295 人，占总人数的 90.21%。

（4）信度分析

首先，为了保证问卷质量，需要对量表每条题项进行检验和筛选，即对量表进行项目分析，考察每个题项对整体信度水平的影响以及每个题项对变量整体测量的贡献率，见表 4.7。信度分析需遵循两个原则：第一，计算每个题项与总分的相关系数，若相关系数大于 0.3 并且显著，则保留题项，否则删除；第二，计算逐一去掉每个题项后的内部一致性系数 Cronbach's α，若去掉某个题项使得内部一致性变好，则删除该题项。根据上述标准，题项 A-OF1 与总分相关系数<0.3，并且删除题项 A-OF1 后，内部一致性系数提高到 0.902，因此将该题项删除。

表 4.7　外群体偏爱量表的项目分析结果

题项	题项-总分 相关系数	删除该题项后的 Cronbach's α	未删除题项的 Cronbach's α	是否保留
A-OF1	0.278**	0.902		否
A-OF2	0.736**	0.868		是
A-OF3	0.786**	0.863		是
A-OF4	0.705**	0.870		是
A-OF5	0.736**	0.868		是
B-OF1	0.712**	0.870	0.882	是
B-OF2	0.718**	0.869		是
B-OF3	0.784**	0.863		是
B-OF4	0.736**	0.868		是
B-OF5	0.603**	0.879		是
B-OF6	0.697**	0.870		是

注: ** 表示 $p<0.01$。

　　然后，进行探索性因子分析。探索性因子分析（EFA）主要是探索初始量表的潜在结构。在进行探索性因子分析之前，需要先进行 KMO 和 Bartlett 球形检验。本书参考 Kaiser 和 Browne 提出的观点: KMO 的值≥0.7 时适合做因子分析，KMO 的值<0.7 时则不适合做因子分析。Bartlett 球形检验的显著性水平<0.01 时，表明各因素之间有共同因子存在，适合做因子分析。从表 4.8 可以看出外群体偏爱量表的 KMO 和 Bartlett 球形检验的值均符合标准，其中 KMO 值为 0.904，Bartlett 球形检验近似卡方值显著性水平小于 0.001，表明量表间有共同的因素存在，外群体偏爱适合进行探索性因子分析。

表 4.8　外群体偏爱量表的 KMO 及 Bartlett 球形检验

KMO 值	Bartlett 球形检验		
	近似卡方值	df	Sig.
0.904	1676.425	36	0.000

本研究使用主成分分析法，采取最大方差法进行旋转，选取特征根大于 1 的因子进行探索性因子分析。为了保证得到的因子科学合理，根据 Churchill 和 Straub 的研究建议，需要满足以下两个条件：① 题项在某一因子上的载荷系数>0.5；② 同一题项不能同时在两个因子上的跨载荷系数超过 0.4。由于题项 B-OF6 在两个因子上的跨载荷系数都超过 0.4 （$\beta=0.649$、$\beta=0.469$），因此将其删除。经过上述过程，选取出两个因子，保留了 9 个题项。探索性因子分析结果见表 4.9。

表 4.9　外群体偏爱量表的探索性因子分析

题项	提取的因素	
	因子 1 行为倾向上的外群体偏爱	因子 2 情感评价上的外群体偏爱
A-OF2	0.261	**0.827**
A-OF3	0.265	**0.865**
A-OF4	0.200	**0.823**
A-OF5	0.279	**0.811**
B-OF1	**0.812**	0.175
B-OF2	**0.744**	0.193
B-OF3	**0.760**	0.310
B-OF4	**0.854**	0.251
B-OF5	**0.731**	0.279
累积解释方差比	36.780%	70.914%

接下来，对模型进行信度检验。目前学术界对量表的信度进行检验最常采用的是 Cronbach's α 信度，也就是内部一致性系数检验。Cronbach's α 系数的值是测试信度的标准，数值越大，说明各个题项之间的相关性越大，内部一致性和信度就越高。一般来讲，Cronbach's α 系数值最好大于 0.8，但是大于 0.7 也是可以接受的。外群体偏爱量表信度检验结果见表 4.10，其中，两个分量表的内部一致性系数均大于 0.8，总量表的内部一致性系数也大于 0.8，说明本研究设计的外群体偏爱量表具有较高的信度水平。

表 4.10　外群体偏爱量表的信度检验

	情感评价上的外群体偏爱	行为倾向上的外群体偏爱	总量表
Cronbach's α	0.875	0.892	0.898
题项个数	4	5	9

最后，对测量模型进行拟合优度检验。使用的拟合优度指数主要有近似误差均方根 RMSEA、卡方自由度比 χ^2/df、比较拟合指数 CFI、非规范拟合指数 TLI、标准化残差均方根 SRMR（指标的具体介绍见 5.2.1 小节），拟合优度检验结果见表 4.11。

表 4.11　外群体偏爱量表的拟合优度检验结果

模型	χ^2	df	χ^2/df	RMSEA	CFI	TLI	SRMR
指标值	29.763	26	1.145	0.021	0.998	0.997	0.026
标准			<5	<0.1	>0.95	>0.9	<0.08

（5）效度分析

主要从内容效度和结构效度两方面对模型进行效度分析，判定外群体偏爱的效度水平。内容效度是指测量内容的适当性。结构效度是指该量表实际测量的程度与理论上的一致性程度。从内容效度上来讲，本书遵循规范量表开发过程，并且开发的外群体偏爱量表的题项都是通过文献研究和访谈得到的。在完成初始量表以后，7 名心理学和管理学领域的老师和专家就题意和表述进行了反复推敲，然后用定量研究的方法删除了不适合的题项，最终，本书的样本都是家族企业中领导者的外人员工，因此外群体偏爱量表题项的内容效度是适合的。结构效度又分为收敛效度和区分效度。收敛效度的评判标准通过变量的组合信度（composite reliability，CR）和平均方差抽取量（average variance extracted，AVE）两个指标来衡量。根据 Fornell & Larcker 提出的评判标准：第一，所有标准化的因子载荷量大于 0.6，并显著；第二，组合信度 CR 值大于 0.7；第三；平均方差抽取量 AVE 的值大于 0.5。如果同时满足以上三个标准，那么说明量表具有良好的收敛效度。收敛效度的检验结果如表 4.12 所示。可以看出，该量表具有良好的收敛效度。

表 4. 12　外群体偏爱量表的收敛效度检验结果

因子	题项	标准化因子载荷量	CR	AVE
情感评价上的 外群体偏爱 （A-OF）	A-OF2	0. 822***		
	A-OF3	0. 888***		
	A-OF4	0. 767***	0. 8934	0. 6776
	A-OF5	0. 811***		
行为倾向上的 外群体偏爱 （B-OF）	B-OF1	0. 842***		
	B-OF2	0. 732***		
	B-OF3	0. 766***	0. 8736	0. 5813
	B-OF4	0. 692***		
	B-OF5	0. 772***		

注: *** 表示 $p < 0.001$。

　　区分效度的评判标准，本书参考 Netemeyer，Johnston & Burton 提出来的方法：首先，两个变量之间的标准化相关系数小于 0.85；其次，两个变量之间的相关系数应该小于两个变量的平均方差抽取量 AVE 的开方值。只有满足以上两个条件，才能通过区分效度检验，外群体偏爱量表的收敛效度检验结果见表 4.13。表中下三角中的数值为两个维度之间的相关系数，对角线上数值为两个维度平均抽取变量 AVE 的开方值。从表中可以看出，两个维度之间的相关系数 0.617 小于两个变量各自平均抽取变量 AVE 的开方值。因此，本书开发的外群体偏爱量表具有良好的区分效度。

表 4. 13　外群体偏爱的区分效度检验结果

	情感评价上的外群体偏爱 （A-OF）	行为倾向上的外群体偏爱 （B-OF）
情感评价上的外群体偏爱 （A-OF）	**0. 8232**	
行为倾向上的外群体偏爱 （B-OF）	0. 617***	**0. 7624**

注: ① *** 表示 $p < 0.001$。
　　② 对角线加粗数字为 AVE 的开方值, 下三角为变量间的皮尔森相关系数。

　　综上所述，本书根据研究需要开发的适合差序式领导外人员工的外群体偏爱量表包含两个维度：情感评价上的外群体偏爱和行为倾向上的外群体偏爱。差序式领导的外人员工首先要内心表现出对自己人员工强烈的喜爱和好评，然后在这种喜爱的驱动下展现出向自己人员工靠拢的行为意向。因此，外群体偏爱可以用 9 个题项进行测量，具体见表 4.14。

表 4.14　外群体偏爱的最终量表

因子		测量题项
情感评价 上的外群 体偏爱 （A-OF）	A-OF2	我很羡慕领导的自己人
	A-OF3	成为领导的自己人能使我获得一些价值
	A-OF4	对于领导的自己人群体，我有好感
	A-OF5	我希望自己成为领导自己人中的一员
行为倾向 上的外群 体偏爱 （B-OF）	B-OF1	我会努力成为领导的自己人
	B-OF2	我会把领导的自己人视为学习的典范
	B-OF3	我会主动接近领导的自己人
	B-OF4	当领导自己人遇到困难时，我会主动帮助他
	B-OF5	我更愿意与领导的自己人一起工作

因此，本书首先介绍外群体偏爱存在的理论基础；其次界定外群体偏爱的内涵；然后基于态度本质的潜在进程论，通过演绎法和归纳法相结合的研究方法，辅以文献研究、访谈和实证研究，开发适合差序式领导中外人员工的外群体偏爱量表；最后，通过实证研究表明该量表具有良好的信度和效度。本部分为测量差序式领导情境下外人员工的外群体偏爱提供了较为可靠的测量工具，为差序式领导、外群体偏爱及其与其他变量之间关系的实证研究提供了可能。

4.3　预调研和正式问卷的形成

4.3.1　预调研对象的基本情况

确定各个变量的测量方式以后，即形成了初始问卷。接下来需要对初始问卷进行预调研以检验初始问卷设计是否合理，从而对预调研初始问卷进行修正，最终形成正式问卷。预调查和正式调查的对象相同，即家族企业工作团队中的领导者及团队成员。考虑到团队成员的异质性，将员工分成"自己人"和"外人"两部分来研究差序式领导对员工绩效的影响，因此实际上有两个子样本。本书采取团队领导者问卷与团队成员问卷配对的方式收集数据。团队领导者对其团队成员进行绩效评价并且指出哪些员工是"自己人"、哪些是"外人"；团队成员对团队中领导的差序式领导行为、个人的心理感受以及个人成长需求进行评价，并指出自己是领导者的自己人还是外人。本书把领导者对团队员工归类的评价与团队员工自评归类完全一致的样本作为研究样本。也就是说，只有领导者将员工 A 归类为自己人，而员工 A 在自评中也感知自己是领导的自己人，员工 A 才满足自己人样本的标准，反之亦然。预调研阶段数据收集主要借助长三角地区工商业联合会的帮助、学校 MBA 学员以及课题组成员的个人关系网络。先通过电话取得企业总经理和人力资源部门负责人的同意，确定好具体时间，再到现场发放问卷。本书采用领导—员工配对的方式收集数据。首先由人事经理提供有直接上下级关系的领导者与员工的名单，随机选取领导者被试，再随机抽取该领导者直接下属 2~6 名，将下属姓名和工号事先由施测人员写在领导者调查问卷中。由于本书探讨的问题比较敏感，因此由团队领导者先行填写问卷，然后由课题组其他人员根据工号寻找对应的员工填写问卷并配一个事先做好标记的信封，以待后期方便配对识别。员工填完后将问卷装进信封并交给问卷发放者。此数据回收过程采用领导、员工双盲作答的方式。此次预调研共调研了 154 个团队，共发放配对调查问卷 503 份，收回 503 份。剔除信息严重缺失和明显乱填的无效问卷 54 份，获得有效问卷共 449 份；删除配对问卷中领导者和员工对该员工属于"自己人"和"外人"的归类不一致的问卷 47 份，得到有效问卷 402 份，其中自己人员工 222 份，外人员工 180 份。预调研对象基本情况如表 4.15 所示。

表 4.15　预调研对象（员工）个人基本情况（N = 402）

人口统计学特征	类型	人数/人	所占比例/%
性别	男	195	48.51
	女	207	51.49
年龄	25 岁及以下	48	11.94
	26~30 岁	75	18.66
	31~35 岁	72	17.91
	36~40 岁	62	15.42
	41~45 岁	81	20.15
	46~50 岁	36	8.96
	51~55 岁	22	5.47
	56 岁及以上	6	1.49
教育程度	初中及以下	17	4.23
	高中或中专	55	13.68
	大专	102	25.37
	本科	207	51.50
	研究生及以上	21	5.22
所在职能部门	行政/人事	60	14.93
	财务/会计	85	21.14
	销售/采购	80	19.90
	研发/技术	58	14.43
	生产/制造	57	14.18
	其他	62	15.42
员工归类	外人	180	44.78
	自己人	222	55.22
平均工作年限	与现任领导共事年限	3.07（年）	
	在该公司工作年限	8.88（年）	

　　由表 4.15 可知，预调研对象中男性 195 人，占 48.51%，女性 207 人，占 51.49%，男女被试数量差不多。预调研对象的年龄主要集中在 26~45 岁，占总调研对象的 72.14%，而且在这个年龄段的被试分布比较平均。预调研对象受教育程度都比较高，其中拥有大专及以上学历的有 330 人，占 82.09%。预调研被试与现任领导共事工作年

限平均为 3.07 年，在该公司工作年限平均为 8.88 年。来自行政/人事、财务/会计、销售/采购、研发/技术、生产/制造等主要职能部门的被试有 340 人，占 84.58%。最后，预调研被试中是领导者自己人的被试有 222 人，占 55.22%；是领导者外人的被试有 180 人，占 44.78%。

4.3.2 预调研的项目分析

为了保证问卷的质量，需要对问卷设计中的每一个题项进行检验和筛选，即对量表进行项目分析，考察每个题项对变量信度水平以及变量整体测量的贡献率。项目分析时应遵循以下两个原则：第一，计算每个题项与总分的相关系数，若相关系数>0.3 且显著则保留题项，否则删除该题项。第二，通过 Cronbach's α 系数对问卷的一致性和稳定性进行信度检验，信度检验的方法是计算逐一去掉每个题项后的内部一致性系数。若去掉某个题项使内部一致性变好，则说明该题项与其他题项的同质性不高，应删除该题项。一般来讲，内部一致性系数越高，表明测量题项之间的相关性越大，测量误差就越小。学术界普遍接受的理想内部一致性系数应该在 0.8 以上，在 0.7 以上也可以接受。下面分别对差序式领导、角色内绩效、角色外绩效、心理授权、外群体偏爱、个人成长需求量表进行项目分析。

（1）差序式领导量表的项目分析

由表 4.16 可知，表中各题项与总分的相关系数介于 0.499 与 0.697 之间，均大于 0.3；在删除题项前差序式领导量表的 Cronbach's α 为 0.905，删除各个题项后量表的 Cronbach's α 介于 0.898 与 0.905 之间，均不大于 0.905，由于删除 DL7 后量表的 Cronbach's α 仍然是 0.905，因此为了简化量表，删除 DL7 题项。

表 4.16　差序式领导量表项目分析结果

题项	题项-总分相关系数	删除该题项后的 Cronbach's α	未删除题项的 Cronbach's α	是否保留
DL1	0.660**	0.899		是
DL2	0.635**	0.900		是
DL3	0.687**	0.898		是
DL4	0.614**	0.900		是
DL5	0.576**	0.901		是
DL6	0.572**	0.901		是
DL7	0.499**	0.905		否
DL8	0.657**	0.899		是
DL9	0.532**	0.903		是
DL10	0.576**	0.901		是
DL11	0.636**	0.900	0.905	是
DL12	0.635**	0.900		是
DL13	0.697**	0.898		是
DL14	0.555**	0.902		是
DL15	0.559**	0.902		是
DL16	0.553**	0.903		是
DL17	0.555**	0.902		是
DL18	0.634**	0.900		是
DL19	0.595**	0.901		是
DL20	0.639**	0.900		是

注：** 表示 $p<0.01$。

（2）角色内绩效量表的项目分析

由表 4.17 可知，表中各题项与总分的相关系数介于 0.737 与 0.838 之间，均大于 0.3；在删除题项前角色内绩效量表的 Cronbach's α 为 0.840，删除各个题项后量表的 Cronbach's α 介于 0.769 与 0.821 之间，均不大于 0.840。因为删除任何题项均不会提高问卷信度，所以保留所有题项。

表 4.17　角色内绩效量表项目分析结果

题项	题项−总分相关系数	删除该题项后的 Cronbach's α	未删除题项的 Cronbach's α	是否保留
IP1	0.795**	0.800		是
IP2	0.838**	0.769		是
IP3	0.793**	0.801	0.840	是
IP4	0.764**	0.820		是
IP5	0.737**	0.821		是

注：** 表示 $p<0.01$。

（3）角色外绩效量表的项目分析

由表 4.18 可知，表中各题项与总分的相关系数介于 0.571 与 0.727 之间，均大于 0.3；在删除题项前角色外绩效量表的 Cronbach's α 为 0.936，删除各个题项后量表的 Cronbach's α 介于 0.932~0.935 之间，均不大于 0.936。因为删除任何题项均不会提高问卷信度，所以保留所有题项。

表 4.18　角色外绩效量表项目分析结果

题项	题项−总分相关系数	删除该题项后的 Cronbach's α	未删除题项的 Cronbach's α	是否保留
EP1	0.697**	0.932		是
EP2	0.703**	0.932		是
EP3	0.715**	0.932		是
EP4	0.707**	0.932		是
EP5	0.571**	0.935		是
EP6	0.670**	0.933		是
EP7	0.642**	0.934		是
EP8	0.716**	0.932		是
EP9	0.727**	0.932		是
EP10	0.674**	0.933		是
EP11	0.660**	0.933	0.936	是
EP12	0.659**	0.933		是
EP13	0.671**	0.933		是
EP14	0.727**	0.932		是
EP15	0.646**	0.933		是
EP16	0.717**	0.932		是
EP17	0.682**	0.933		是
EP18	0.597**	0.934		是
EP19	0.599**	0.934		是
EP20	0.685**	0.933		是

注：** 表示 $p<0.01$。

（4）心理授权量表的项目分析

由表 4.19 可知，表中各题项与总分的相关系数介于 0.607 与 0.701 之间，均大于 0.3；在删除题项前心理授权量表的 Cronbach's α 为 0.878，删除各个题项后量表的 Cronbach's α 介于 0.866 与 0.873 之间，均不大于 0.878。因为删除任何题项均不会提高问卷信度，所以保留所有题项。

表 4.19　心理授权量表项目分析结果

题项	题项-总分相关系数	删除该题项后的 Cronbach's α	未删除题项的 Cronbach's α	是否保留
PE1	0.669**	0.868		是
PE2	0.701**	0.866		是
PE3	0.701**	0.866		是
PE4	0.609**	0.873		是
PE5	0.642**	0.869		是
PE6	0.607**	0.872	0.878	是
PE7	0.690**	0.866		是
PE8	0.650**	0.869		是
PE9	0.651**	0.869		是
PE10	0.661**	0.870		是
PE11	0.662**	0.869		是
PE12	0.635**	0.870		是

注：** 表示 $p<0.01$。

（5）外群体偏爱量表的项目分析

由表 4.20 可知，表中各题项与总分的相关系数介于 0.680 与 0.784 之间，均大于 0.3；在删除题项前外群体偏爱量表的 Cronbach's α 为 0.891，删除各个题项后量表的 Cronbach's α 介于 0.874 与 0.885 之间，均不大于 0.891。因为删除任何题项均不会提高问卷信度，所以保留所有题项。

表 4.20 外群体偏爱量表项目分析结果

题项	题项–总分相关系数	删除该题项后的 Cronbach's α	未删除题项的 Cronbach's α	是否保留
A–OF2	0.696**	0.882		是
A–OF3	0.711**	0.882		是
A–OF4	0.732**	0.879		是
A–OF5	0.770**	0.875		是
B–OF1	0.700**	0.882	0.891	是
B–OF2	0.778**	0.875		是
B–OF3	0.784**	0.874		是
B–OF4	0.680**	0.885		是
B–OF5	0.734**	0.880		是

注:** 表示 $p<0.01$。

（6）个人成长需求量表的项目分析

由表 4.21 可知，表中各题项与总分的相关系数介于 0.724 与 0.848 之间，均大于 0.3；在删除题项前个人成长需求量表的 Cronbach's α 为 0.870，删除各个题项后量表的 Cronbach's α 介于 0.832 与 0.864 之间，均不大于 0.870。因为删除任何题项均不会提高问卷信度，所以保留所有题项。

表 4.21 个人成长需求量表项目分析结果

题项	题项–总分相关系数	删除该题项后的 Cronbach's α	未删除题项的 Cronbach's α	是否保留
PGN1	0.795**	0.848		是
PGN2	0.767**	0.849		是
PGN3	0.724**	0.864	0.870	是
PGN4	0.755**	0.852		是
PGN5	0.848**	0.832		是
PGN6	0.801**	0.842		是

注:** 表示 $p<0.01$。

4.3.3 预调研的探索性因子分析

探索性因子分析（EFA）主要检验各个潜在变量的测量结构。在进行探索性因子分析前，要先进行 KMO 和 Bartlett 球形检验。根据

Kaiser 和 Browne 提出的观点：当 KMO 的值≥0.7 时适合做因子分析，当 KMO 的值在<0.7 时不适合做因子分析。Bartlett 球形检验的显著性水平<0.01 时，表明各变量有共同因子存在，适合做因子分析。这里采用主成分分析法提取因子。下面分别对差序式领导、角色内绩效、角色外绩效、心理授权和个人成长需求进行探索性因子分析。

首先，对各变量进行 KMO 和 Bartlett 球形检验以确认是否适合做探索性因子分析。如表 4.22 所示，差序式领导、角色内绩效、角色外绩效、心理授权、外群体偏爱和个人成长需求的测量量表的 KMO 值分别为 0.915、0.849、0.907、0.835、0.898、0.899，Bartlett 球形检验的结果均在小于 0.001 的水平下显著，说明各个变量适合做因子分析。

表 4.22　各个变量量表的 KMO 及 Bartlett 球形检验

变量名称	KMO	Bartlett 球形检验		
		近似卡方值	df	Sig.
差序式领导	0.915	2044.012	171	0.000
角色内绩效	0.849	340.786	10	0.000
角色外绩效	0.907	2263.904	190	0.000
心理授权	0.835	1190.145	66	0.000
外群体偏爱	0.898	831.055	36	0.000
个人成长需求	0.899	915.853	15	0.000

各个变量的探索性因子分析结果如下。

（1）差序式领导量表的探索性因子分析

差序式领导量表的探索性因子分析结果如表 4.23 所示。使用最大方差法进行因子旋转分析，通过因子分析得到了两个因子。因子 1 是工作型差序式领导，包含 DL1～DL6、DL8～DL10 九个题项；因子 2 是情感型差序式领导，包含 DL11～DL20 十个题项。因此，差序式领导可以进一步分为工作型差序式领导和情感型差序式领导。工作型差序式领导是指相对于外人员工，领导者在工作相关的资源上给予自己人员工偏私对待；情感型差序式领导是指相对于外人员工，领导者在情感相关的资源上给予自己人员工偏私对待。提取的这两个因子能够累积解释的总体方差变异达到 60.089%，高于 50%，同时，每个题项的因子载荷均大于 0.5。

表 4.23 差序式领导量表的探索性因子分析

题项	累积解释方差比	提取的因子	
		因子 1	因子 2
DL1		**0.800**	0.080
DL2		**0.803**	0.081
DL3		**0.860**	0.112
DL4		**0.676**	0.109
DL5	30.521%	**0.741**	0.043
DL6		**0.742**	0.014
DL8		**0.671**	0.100
DL9		**0.767**	0.114
DL10		**0.722**	0.109
DL11		0.125	**0.816**
DL12		0.067	**0.845**
DL13		0.184	**0.802**
DL14		0.121	**0.763**
DL15		0.118	**0.708**
DL16	60.089%	0.079	**0.747**
DL17		0.088	**0.858**
DL18		0.016	**0.738**
DL19		0.072	**0.758**
DL20		0.125	**0.816**

（2）角色内绩效量表的探索性因子分析

角色内绩效量表的探索性因子分析结果如表 4.24 所示。使用最大方差法进行因子旋转分析，通过因子分析得到了一个因子，包含 IP1～1P5 五个题项。提取的这个因子的累积解释的总体方差变异达到 61.960%，高于 50%，同时，每个题项的因子载荷均大于 0.5。

表 4.24　角色内绩效量表的探索性因子分析

| 题项 | 累积解释方差比 | 提取的因子 |
		因子 1
IP1		**0.811**
IP2		**0.822**
IP3	61.960%	**0.818**
IP4		**0.742**
IP5		**0.739**

（3）角色外绩效量表的探索性因子分析

角色外绩效量表的探索性因子分析结果如表 4.25 所示。用最大方差法进行因子旋转分析，通过因子分析得到了五个因子。因子 1 是认同组织，包含 EP1~EP4 四个题项；因子 2 是保护公司资源，包含 EP5~EP7 三个题项；因子 3 是帮助同事，包含 EP8~EP11 四个题项；因子 4 是维系人际和谐，包含 EP12~EP15 四个题项；因子 5 是敬业负责，包含 EP16~EP20 五个题项。提取的这五个因子能够累积解释的总体方差变异达到 72.834%，高于 50%。同时，每个题项的因子载荷均大于 0.5。

表 4.25　角色外绩效量表的探索性因子分析

| 题项 | 累积解释方差比 | 提取的因子 | | | | |
		因子 1	因子 2	因子 3	因子 4	因子 5
EP1		0.272	**0.728**	0.183	0.158	0.172
EP2	17.133%	0.162	**0.800**	0.250	0.212	0.103
EP3		0.242	**0.854**	0.157	0.147	0.161
EP4		0.129	**0.747**	0.204	0.228	0.271
EP5		0.113	0.158	0.161	0.074	**0.900**
EP6	32.634%	0.135	0.209	0.313	0.200	**0.742**
EP7		0.190	0.207	0.125	0.224	**0.781**
EP8		0.201	0.293	**0.741**	0.121	0.251
EP9	46.634%	0.202	0.234	**0.755**	0.239	0.203
EP10		0.260	0.215	**0.697**	0.204	0.121
EP11		0.222	0.103	**0.728**	0.278	0.135

题项	累积解释方差比	提取的因子				
		因子1	因子2	因子3	因子4	因子5
EP12		0.219	0.171	0.165	**0.771**	0.180
EP13	60.632%	0.319	0.304	0.121	**0.652**	0.082
EP14		0.230	0.207	0.268	**0.784**	0.160
EP15		0.175	0.119	0.272	**0.748**	0.145
EP16		**0.745**	0.174	0.271	0.186	0.163
EP17		**0.802**	0.165	0.186	0.127	0.180
EP18	72.834%	**0.712**	0.257	0.135	0.178	−0.043
EP19		**0.683**	0.106	0.152	0.241	0.090
EP20		**0.763**	0.148	0.166	0.191	0.198

（4）心理授权量表的探索性因子分析

心理授权量表的探索性因子分析结果如表 4.26 所示。使用最大方差法进行因子旋转分析，通过因子分析得到了四个因子。因子 1 是工作意义，包含 PE1~PE3 三个题项；因子 2 是自主性，包含 PE4~PE6 三个题项；因子 3 是自我效能，包含 PE7~EP9 三个题项；因子 4 是工作影响，包含 PE10~EP12 三个题项。提取的这四个因子能够累积解释的总体方差变异达到 73.369%，高于 50%，同时，每个题项的因子载荷均大于 0.5。

表 4.26　心理授权量表的探索性因子分析

题项	累积解释方差比	提取的因子			
		因子1	因子2	因子3	因子4
PE1		0.182	**0.810**	0.103	0.225
PE2	19.170%	0.180	**0.803**	0.244	0.152
PE3		0.241	**0.728**	0.223	0.194
PE4		**0.776**	0.284	0.052	0.111
PE5	37.523%	**0.777**	0.146	0.203	0.191
PE6		**0.819**	0.137	0.146	0.138
PE7		0.127	0.236	0.195	**0.831**
PE8	55.536%	0.197	0.160	0.164	**0.787**
PE9		0.131	0.157	0.177	**0.833**

题项	累积解释方差比	提取的因子			
		因子 1	因子 2	因子 3	因子 4
PE10		0.121	0.136	**0.795**	0.248
PE11	73.369%	0.075	0.155	**0.859**	0.224
PE12		0.225	0.247	**0.742**	0.069

（5）外群体偏爱量表的探索性因子分析

外群体偏爱量表的探索性因子分析结果如表 4.27 所示。使用最大方差法进行因子旋转分析，通过因子分析得到了两个因子。因子 1 是行为倾向上的外群体偏爱，包含 B-OF1～B-OF5 五个题项；因子 2 是情感评价上的外群体偏爱，包含 A-OF2～A-OF5 四个题项。提取的这个因子能够累积解释的总体方差变异达到 68.520%，高于 50%，同时，每个题项的因子载荷均大于 0.5。

表 4.27　外群体偏爱量表的探索性因子分析

题项	累积解释方差比	提取的因子	
		因子 1	因子 2
B-OF1		**0.801**	0.169
B-OF2		**0.698**	0.293
B-OF3	35.873%	**0.700**	0.332
B-OF4		**0.870**	0.207
B-OF5		**0.764**	0.227
A-OF2		0.311	**0.800**
A-OF3		0.278	**0.845**
A-OF4	68.520%	0.159	**0.811**
A-OF5		0.265	**0.780**

（6）个人成长需求量表的探索性因子分析

个人成长需求量表的探索性因子分析结果如表 4.28 所示。使用最大方差法进行因子旋转分析，通过因子分析得到了一个因子，包含 PGN1～PGN6 六个题项。提取的这个因子能够累积解释的总体方差变异达到 73.611%，高于 50%，同时，每个题项的因子载荷均大于 0.5。

表 4.28　个人成长需求量表的探索性因子分析

题项	累积解释方差比	提取的因子
		因子 1
PGN1		0.804
PGN2		0.810
PGN3	73.611%	0.886
PGN4		0.906
PGN5		0.858
PGN6		0.878

通过预调研结果分析和探索性因子分析，本书设计的这 6 个变量的测量量表均具有良好的信度和效度，为接下来的正式调研奠定了基础。

4.3.4　正式量表的形成

根据对变量测量分量表的项目分析和探索性因子分析，我们发现删除差序式领导分量表中的题项 DL7 以外，其他题项与对应的分量表总分之间具有较高的相关性，同时，删除任一题项均不会提高对应分量表的信度。因此，最后得到 6 个潜变量共 71 个题项的正式量表，见表 4.29。

表 4.29　差序式领导对员工绩效影响的正式量表

变量	维度	编号	题项
差序式领导	工作型差序式领导	DL1	赋予自己人员工较大的责任
		DL2	给予自己人员工较多参与决策的机会
		DL3	让自己人员工在团队内担任重要的职务
		DL4	给予自己人员工较快的升迁速度
		DL5	给予自己人员工较多的培训和进修机会
		DL6	给予自己人员工较多的金钱奖赏
		DL8	给予自己人员工较多可以获得绩效和奖励的机会
		DL9	给自己人员工较多工作上可运用的资源（如人员、设备和预算）
		DL10	给予自己人员工较多的福利

变量	维度	编号	题项
差序式领导	情感型差序式领导	DL11	与自己人员工在情感上较接近
		DL12	更关心自己人员工的日常生活
		DL13	给予自己人员工较多的情感支持
		DL14	更加设身处地地为自己人员工着想
		DL15	对自己人员工吐露内心的真实想法
		DL16	对自己人员工更加信赖
		DL17	给予自己人员工较多的关怀和特殊照顾，且关心其家人
		DL18	对自己人员工的态度比较和善
		DL19	较多与自己人员工谈论私人事情
		DL20	对自己人员工嘘寒问暖
心理授权	工作意义	PE1	我所做的工作对我来说非常有意义
		PE2	工作上所做的事对我个人来说非常有意义
		PE3	我的工作对我来说非常重要
	自主性	PE4	我自己可以决定如何来着手来做我的工作
		PE5	在如何完成工作上，我有很大的独立性和自主权
		PE6	在决定如何完成我的工作上，我有很大的自主权
	自我效能	PE7	我掌握了完成工作所需要的各项技能
		PE8	我相信自己有做好工作上的各项事情的能力
		PE9	我对自己完成工作的能力非常有信心
	工作影响	PE10	我对所在团队有很大的影响力
		PE11	我对发生在所在团队的事情起着很大的控制作用
		PE12	我对发生在所在团队的事情有重大的影响
外群体偏爱	情感评价上的外群体偏爱	A-OF2	我很羡慕领导的自己人
		A-OF3	成为领导的自己人能使我获得一些价值
		A-OF4	对于领导的自己人群体，我有好感
		A-OF5	我希望自己成为领导自己人群体的一员
	行为倾向上的外群体偏爱	B-OF1	我会努力成为领导的自己人
		B-OF2	我会把领导的自己人视为学习的典范
		B-OF3	我会主动接近领导的自己人
		B-OF4	当领导的自己人遇到困难时，我会主动帮助他
		B-OF5	我更愿意与领导的自己人一起工作
个人成长需求	个人成长需求	PGN1	我喜欢工作中的刺激和挑战
		PGN2	获得工作成就感对我来说很重要
		PGN3	工作中自我成长和发展的机会对我来说很重要
		PGN4	我喜欢在工作中独立思考和行动
		PGN5	我喜欢在工作中尽情发挥自己的创造力
		PGN6	我喜欢利用工作中的各种机会去增长自己的知识和技能

变量	维度	编号	题项
角色内绩效	角色内绩效	IP1	该员工可以圆满地完成领导安排的工作
		IP2	该员工可以履行岗位职责
		IP3	该员工可以保质保量地完成该做的工作
		IP4	该员工可以达到工作上所要求的绩效考核标准
		IP5	该员工可以全身心投入与绩效考核相关的工作事项中
角色外绩效	认同组织	EP1	该员工会努力维护公司形象
		EP2	该员工会主动对外介绍本公司优秀之处并澄清他人对本公司的误解
		EP3	该员工会主动思考并提出有利于公司发展的合理意见
		EP4	该员工会积极参加公司的相关会议
	保护公司资源	EP5	该员工节约使用公司资源（如电话、复印机、电脑和汽车等）
		EP6	该员工从不在工作时间处理自己的私事
		EP7	该员工从不因为私事请病假
	帮助同事	EP8	该员工主动帮助新同事尽快适应工作环境
		EP9	该员工乐意帮助同事解决工作上的困难
		EP10	该员工主动分担或代理同事的工作
		EP11	平时该员工会主动与同事协调沟通
	维系人际和谐	EP12	该员工协助解决同事之间的误会和纠纷，维护人际关系和谐
		EP13	该员工维护团队团结，从不在背后议论其他同事
		EP14	该员工能与同事建立融洽而良好的关系
		EP15	该员工维持人际和谐，不计较与同事之间的过节
	敬业负责	EP16	该员工上班经常早到，并着手开展工作
		EP17	该员工认真工作，很少犯错误
		EP18	即使没有人看到，该员工仍然自觉遵守公司的规章制度
		EP19	该员工从不挑拣工作，乐意接受有挑战的任务
		EP20	为了提高工作效率，该员工会不断通过学习充实自己

4.4　本章小结

　　本章介绍了正式量表形成的过程。首先确定调查问卷的构成，然后根据需要对有成熟测量工具的差序式领导、员工绩效、心理授权、个人成长需求的测量量表进行修正，并根据文献回顾、半结构访谈以及课题组专家的意见，通过演绎法和归纳法相结合的方式设计外群体偏爱的初始测量题项，编制外群体偏爱的调查问卷。通过对回收的有效数据进行项目分析、信度分析和效度分析，删除了两个题项，最终形成外群体偏爱的正式测量题项，从而形成初始调研问卷。通过预调研对初始问卷进行项目分析和探索性因子分析，又删除了预调研问卷中差序式领导的一个题项，最终形成正式问卷。

第5章 差序式领导对员工绩效的影响及其作用机制的实证检验

基于前文预调研确定的正式量表，形成正式调研问卷，进而开始正式调研。通过收集足够数量的正式调研数据，利用 SPSS 20.0、Amos 23.0、Smart PLS 3 对最后筛选出的有效数据进行描述性分析、信度分析、效度分析、共同方法变异问题检验、拟合优度检验、全模型检验以及有中介的调节效应检验，从而对提出来的差序式领导对员工绩效影响的各个假设进行检验。

5.1 正式调研样本的选取和描述性统计

5.1.1 正式调研样本的选取

作为家族企业集聚地之一的长三角地区具有相当的代表性，是主要样本来源。本书采取方便取样法选取样本和收集数据。正式调研样本的选取过程同预调研，主要通过长三角地区工商业联合会的帮助、学校 MBA 学员以及课题组成员的个人关系网络。首先，打电话取得企业总经理和人力资源部门负责人的同意，确定好具体时间。然后，课题组成员到现场发放问卷。问卷的发放和收集由课题组成员与该公司人事经理共同完成。在进行正式调研之前，与企业人力资源部门经理沟通确认好能参与调研的团队领导者及团队成员，由人事经理提供有直接上下级关系的领导与员工名单。先随机选取确认领导被试，再随机抽取该领导直接下属 2~6 名，将下属姓名和工号事先由施测人员写在领导者调查问卷中。由于本书探讨的问题稍显敏感，因此由团队领导者先行填答问卷，再由课题组其他人员根据工号寻找对应的员工填答员工调查问卷并配一个事先做好标记的信封，以待后续配对识别。员工填完后，将问卷封于信封并交于问卷发放者。数据回收过程中，领导员工配对、双盲作答。正式调研时间为 2017 年 6 月末到 2018 年 1 月中旬，正式调研问卷的施测过程同预调研。

5.1.2　正式调研样本的描述性统计

此次大规模正式调研共调研了 41 家家族企业的 478 个团队，共发放 478 份领导调查问卷和 2073 份配对员工调查问卷，回收 1825 份。首先，剔除信息严重缺失和明显乱填的无效问卷 379 份，得到有效问卷共 1446 份。无效问卷具体表现在以下几个方面：① 问卷主体部分题项答案完全一致或呈现 "S" 形等明显规律性的答案；② 同一题项勾选多个答案；③ 超过 3 个空缺题项答案。其次，删除配对问卷中领导者和员工对该员工属于 "自己人" 和 "外人" 的归类不一致的问卷 125 份，得到有效问卷 1321 份，其中 "自己人" 员工 609 份，"外人" 员工 712 份。正式调研对象基本情况如表 5.1 所示。

表 5.1　正式调研对象（员工）个人基本情况（$N = 1321$）

人口统计学特征	类型	人数	所占比例
性别	男	700	52.99%
	女	621	47.01%
年龄	25 岁及以下	154	11.66%
	26~30 岁	325	24.60%
	31~35 岁	233	17.64%
	36~40 岁	186	14.08%
	41~45 岁	257	19.45%
	46~50 岁	112	8.48%
	51~55 岁	43	3.26%
	56 岁及以上	11	0.83%
教育程度	初中及以下	64	4.84%
	高中或中专	162	12.26%
	大专	396	29.99%
	本科	613	46.40%
	研究生及以上	86	6.51%

人口统计学特征	类型	人数	所占比例
所在职能部门	行政/人事	201	15.22%
	财务/会计	285	21.57%
	销售/采购	262	19.83%
	研发/技术	195	14.76%
	生产/制造	187	14.16%
	其他	191	14.46%
员工归类	自己人	609	46.10%
	外人	712	53.90%
平均工作年限	与现任领导共事年限	3.86	
	在该公司工作年限	7.23	

由表 5.1 可知，正式调研对象中男性 700 人，占 52.99%；女性 621 人，占 47.01%。正式调研对象的年龄主要集中在 50 岁及以下，占总调研对象的 95.91%，而且在这个年龄段的被试分布比较平均；56 岁及以上被试最少。正式调研对象受教育程度比较高，其中大专及以上学历就有 1095 人，本科及以上学历的有 699 人，本科及以上就占到了 52.91%。正式调研的被试与现任领导共事年限平均为 3.86 年，在该公司工作年限平均为 7.23 年。来自行政/人事、财务/会计、销售/采购、研发/技术、生产/制造等主要职能部门的被试有 1130 人，占 85.54%。正式调研被试中是领导者"外人"的被试有 712 人，占 53.90%；是领导者"自己人"的被试有 609 人，占 46.10%。

5.2　差序式领导对自己人员工绩效的影响及其作用机制的实证检验

5.2.1　量表的信度分析

信度分析也称可靠性分析，主要为了测量量表的稳定性（stability）和一致性（consistency），即多个题项对同一个因子进行反复测量时，得到的结果是否具有一致性。先对各个变量使用主成分分析方法

（principal component analysis，PCA）提取公因子，采取最大方差法进行因子旋转分析，再基于特征根大于 1 抽取因子，进行探索性因子分析（exploratory factor analysis，EFA）。探索性因子分析主要是为了检验出各个变量的潜在测量结构。为了保证得到的因子科学合理，根据 Churchill 和 Straub 的研究建议，需要保证以下两个条件：① 题项在某一因子上的载荷系数>0.5；② 同一题项在两个因子上的跨载荷系数不能同时超过 0.4。完成探索性因子分析后，再对各个变量进行信度分析。

5.2.1.1　探索性因子分析

在进行探索性因子分析之前，需要先进行 Kaiser-Meyer-Olkin（KMO）检验和 Bartlett 球形检验，以确定题项之间是否适合做因子分析。若 KMO 的值≥0.7 则适合做因子分析；若 KMO 的值<0.7，则不适合做因子分析。若 Bartlett 球形检验的结果在小于 0.001 的水平下显著，则适合做因子分析。

首先，对各变量进行 KMO 检验和 Bartlett 球形检验，以确认题项之间是否适合做探索性因子分析（见表 5.2）。结果显示，差序式领导、角色内绩效、角色外绩效、心理授权以及个人成长需求的测量量表的 KMO 值分别为 0.956、0.870、0.943、0.889、0.900，Bartlett 球形检验的结果均在小于 0.001 水平下显著，说明各变量适合做因子分析。然后，分别对差序式领导、角色内绩效、角色外绩效、心理授权和个人成长需求进行探索性因子分析。

表 5.2　各变量的 KMO 及 Bartlett 球形检验

变量名称	KMO	Bartlett 球形检验		
		χ^2	df	Sig.
差序式领导	0.956	6876.456	171	0.000
角色内绩效	0.870	1418.317	10	0.000
角色外绩效	0.943	6551.841	190	0.000
心理授权	0.889	3612.027	66	0.000
个人成长需求	0.900	1681.374	15	0.000

各变量的探索性因子分析结果如下。

（1）差序式领导的探索性因子分析

差序式领导的探索性因子分析结果如表 5.3 所示。通过因子分析得到了 2 个因子：因子 1 是工作型差序式领导，包含 DL1~DL6、DL8~DL10 九个题项；因子 2 是情感型差序式领导，包含 DL11~DL20 十个题项。提取的这两个因子能够累积解释的总体方差变异达到 61.471%，高于 50% 的经验值。同时，每个题项的因子载荷均大于 0.5。

表 5.3　差序式领导的探索性因子分析

题项	累积解释方差比	提取的因子	
		因子 1	因子 2
DL1		0.115	**0.806**
DL2		0.137	**0.846**
DL3		0.157	**0.811**
DL4		0.141	**0.755**
DL5	31.579%	0.140	**0.844**
DL6		0.109	**0.746**
DL8		0.114	**0.752**
DL9		0.030	**0.773**
DL10		0.079	**0.728**
DL11		**0.772**	0.086
DL12		**0.755**	0.110
DL13		**0.856**	0.109
DL14		**0.756**	0.105
DL15	61.471%	**0.749**	0.061
DL16		**0.772**	0.145
DL17		**0.699**	0.086
DL18		**0.784**	0.114
DL19		**0.764**	0.143
DL20		**0.748**	0.139

（2）角色内绩效的探索性因子分析

角色内绩效的探索性因子分析结果如表 5.4 所示。通过因子分析得到了 1 个因子，包含 IP1~1P5 五个题项。提取的这个因子能够累积解释的总体方差变异达到 66.418%，高于 50% 的经验值。同时，每个题项的因子载荷均大于 0.5。

表 5.4 角色内绩效探索性因子分析

题项	累积解释方差比	提取的因子
		因子 1
IP1		**0.807**
IP2		**0.865**
IP3	66.418%	**0.783**
IP4		**0.792**
IP5		**0.825**

（3）角色外绩效的探索性因子分析

角色外绩效的探索性因子分析结果如表 5.5 所示。通过因子分析得到了 5 个因子：因子 1 是认同组织，包含 EP1～EP4 四个题项；因子 2 是保护公司资源，包含 EP5～EP7 三个题项；因子 3 是帮助同事，包含 EP8～EP11 四个题项；因子 4 是维系人际和谐，包含 EP12～EP15 四个题项；因子 5 是敬业负责，包含 EP16～EP20 五个题项。提取的这五个因子能够使累积解释的总体方差变异达到 69.424%，高于 50% 的经验值。同时，每个题项的因子载荷均大于 0.5。

表 5.5 角色外绩效探索性因子分析

题项	累积解释方差比	提取的因子				
		因子 1	因子 2	因子 3	因子 4	因子 5
EP1		0.196	**0.718**	0.199	0.214	0.188
EP2	17.224%	0.244	**0.762**	0.196	0.195	0.146
EP3		0.212	**0.738**	0.149	0.141	0.142
EP4		0.228	**0.704**	0.188	0.224	0.190
EP5		0.204	0.213	0.191	0.131	**0.841**
EP6	31.034%	0.196	0.233	0.260	0.208	**0.717**
EP7		0.217	0.157	0.204	0.196	**0.757**
EP8		0.201	0.220	**0.749**	0.097	0.158
EP9	44.769%	0.166	0.170	**0.806**	0.230	0.216
EP10		0.190	0.249	**0.635**	0.276	0.180
EP11		0.183	0.123	**0.750**	0.254	0.173

续表

题项	累积解释方差比	提取的因子				
		因子 1	因子 2	因子 3	因子 4	因子 5
EP12		0.127	0.145	0.188	**0.797**	0.141
EP13	58.229%	0.212	0.272	0.196	**0.664**	0.106
EP14		0.242	0.167	0.200	**0.707**	0.187
EP15		0.221	0.185	0.197	**0.705**	0.141
EP16		**0.790**	0.217	0.171	0.206	0.157
EP17		**0.724**	0.171	0.175	0.198	0.160
EP18	69.424%	**0.794**	0.132	0.181	0.116	0.147
EP19		**0.701**	0.221	0.076	0.212	0.141
EP20		**0.740**	0.219	0.196	0.148	0.140

（4）心理授权的探索性因子分析

心理授权的探索性因子分析结果如表 5.6 所示。通过因子分析得到了 4 个因子：因子 1 是工作意义，包含 PE1~PE3 三个题项；因子 2 是自主性，包含 PE4~PE6 三个题项；因子 3 是自我效能，包含 PE7~PE9 三个题项；因子 4 是工作影响，包含 PE10~PE12 三个题项。提取的这四个因子能够累积解释的总体方差变异达到 75.025%，高于 50%的经验值。同时，每个题项的因子载荷均大于 0.5。

表 5.6　心理授权探索性因子分析

题项	累积解释方差比	提取的因子			
		因子 1	因子 2	因子 3	因子 4
PE1		0.219	0.103	0.184	**0.803**
PE2	19.748%	0.201	0.212	0.173	**0.792**
PE3		0.141	0.317	0.245	**0.712**
PE4		0.133	0.074	**0.818**	0.176
PE5	39.018%	0.209	0.232	**0.796**	0.154
PE6		0.175	0.232	**0.755**	0.245
PE7		**0.842**	0.182	0.179	0.227
PE8	57.293%	**0.818**	0.189	0.143	0.195
PE9		**0.806**	0.237	0.207	0.144

题项	累积解释方差比	提取的因子			
		因子1	因子2	因子3	因子4
PE10		0.248	**0.773**	0.231	0.174
PE11	75.025%	0.254	**0.843**	0.152	0.152
PE12		0.127	**0.780**	0.153	0.264

（5）个人成长需求的探索性因子分析

个人成长需求的探索性因子分析结果如表 5.7 所示。通过因子分析得到了 1 个因子，包含 PGN1～PGN6 六个题项。提取的这个因子能够累积解释的总体方差变异达到 62.598%，高于 50% 的经验值。同时，每个题项的因子载荷均大于 0.5。

表 5.7　个人成长需求探索性因子分析

题项	累积解释方差比	提取的因子
		因子1
PGN1		**0.755**
PGN2		**0.770**
PGN3	62.598%	**0.756**
PGN4		**0.823**
PGN5		**0.851**
PGN6		**0.788**

5.2.1.2　量表的信度检验

目前，学术界对量表的信度进行检验时最常采用的是 Cronbach's α 信度系数，即内部一致性系数。Cronbach's α 系数的值是测试信度的标准，数值越大，说明各个题项之间的相关性越大、内部一致性越高、信度也越高。一般来讲，Cronbach's α 系数的值最好大于 0.8，大于 0.7 也是可以接受的。本书对收集的所有有效数据进行信度检验，结果见表 5.8。可以看出，工作型差序式领导和情感型差序式领导分量表的 Cronbach's α 系数分别为 0.926、0.925，差序式领导总量表的 Cronbach's α 系数为 0.914；角色内绩效量表的 Cronbach's α 系数为 0.871；认同组织、保护公司资源、帮助同事、维系人际和谐、敬业负责分量表的 Cronbach's α 系数分别为 0.844、0.837、0.852、0.819、0.880，角色外绩效总量表的 Cronbach's α 系数分别为 0.934；工作意义、自主性、自我效能、工作影响分量表的 Cronbach's α 系数分别为 0.799、0.807、0.860、0.836，心理授权总量表的 Cronbach's α 系数为 0.896；个人成长需求量表的 Cronbach's α 系数为 0.880。所有分量表和总量表的 Cronbach's α 系数都大于 0.8，因此可以认为所设计的差序式领导、角色内绩效、角色外绩效、心理授权以及个人成长需求量表具有较高的内部一致性和可靠性。

表 5.8　量表信度检验结果

量表	变量名称	题项数目	Cronbach's α	
差序式领导（DL）	工作型差序式领导（WDL）	9	0.926	0.914
	情感型差序式领导（ADL）	10	0.925	
角色内绩效（IP）	角色内绩效（IP）	5	0.871	0.871
角色外绩效（EP）	认同组织（EPa）	4	0.844	0.934
	保护公司资源（EPb）	3	0.837	
	帮助同事（EPc）	4	0.852	
	维系人际和谐（EPd）	4	0.819	
	敬业负责（EPe）	5	0.880	
心理授权（PE）	工作意义（PEa）	3	0.799	0.896
	自主性（PEb）	3	0.807	
	自我效能（PEc）	3	0.860	
	工作影响（PEd）	3	0.836	
个人成长需求（PGN）	个人成长需求	6	0.880	0.880

5.2.1.3　量表的拟合优度检验

下面对本书涉及的各个变量的测量模型进行拟合优度检验。拟合优度检验有两个指标：假设检验卡方（χ^2）和近似拟合检验。模型隐含的方差-协方差矩阵与观测到的样本方差-协方差矩阵之间的差异服从卡方分布，这与传统假设的显著性检验一样。若模型隐含的方差-协方差矩阵与观测到的样本方差-协方差矩阵之间的差异达到显著性水平（$p < 0.05$）的临界值，则模型被拒绝。但是由于卡方统计量对样

本量非常敏感，在实际中很难达到理想数值，因此研究者认为应该综合研究近似拟合检验指数。近似拟合检验指数主要有以下几种：① 近似误差均方根（RMSEA），该指标受样本量影响小，对模型误设较敏感，是比较理想的拟合指数，也是一个被广泛应用的指标。Steiger 认为该指标值小于 0.01 非常好，小于 0.05 较好，小于 0.1 可以接受。② 比较拟合指数（CFI），该指标对样本量不敏感，是目前使用最广泛的指标之一。也是最稳健的指标之一，Hu & Bentler 指出，该指标取值应该大于 0.95，大于等于 0.7 为可接受，并推荐其与 SRMR≤0.08 搭配使用。③ 标准化残差均方根（SRMR），该指标是对残差进行直接评价的指标之一，受样本量影响较大。④ 非规范拟合指数（NNFI/TLI），该指标用来衡量研究设定模型与拟合最糟糕的独立模型相比改善的程度。Bentler 指出，该指标取值大于 0.90 为好，大于 0.8 可以接受。

　　各变量的拟合优度检验结果见表 5.9。可以看出，差序式领导、角色内绩效、心理授权、角色外绩效和个人成长需求均通过了拟合优度检验，并且心理授权的二阶因子模型和角色外绩效的二阶因子模型的拟合优度检验并没有使模型明显恶化。同时，通过计算心理授权的目标系数（target coefficeint，T 值）① 为 0.979，说明心理授权的二阶因子可以代替一阶因子；角色外绩效的目标系数为 0.951，说明角色外绩效的二阶因子可以代替一阶因子。

表 5.9　各变量的拟合优度检验结果

模型	χ^2	df	χ^2/df	RMSEA	CFI	TLI	SRMR
差序式领导	194.407	151	1.287	0.022	0.994	0.993	0.025
角色内绩效	13.594	5	2.719	0.055	0.994	0.988	0.016
个人成长需求	19.872	9	2.208	0.049	0.985	0.984	0.029
一阶心理授权	96.621	48	2.013	0.041	0.986	0.981	0.027
二阶心理授权	98.724	50	1.974	0.040	0.986	0.982	0.028
一阶角色外绩效	235.266	160	1.470	0.028	0.988	0.986	0.030
二阶角色外绩效	247.282	165	1.499	0.029	0.987	0.985	0.032
标准			<5	<0.1	>0.95	>0.9	<0.08

---

　　① 目标系数的计算公式：T=一阶因子 χ^2 值/二阶因子 χ^2 值。

5.2.2　量表的效度分析

效度检验主要是为了检验研究中设计和使用的变量量表在多大程度上能反映研究想要测量的变量。效度主要是反映量表测量结果的准确性。对于问卷的效度，一般从内容效度和结构效度两方面进行检验。内容效度是指测量各个变量的题项内容是否合适，题项的语义是否清晰。内容效度无法通过统计分析方法进行检验，只能通过主观判断和修正予以保证。本调查问卷中的题项参考了国内外较为成熟的调查问卷和文献，并结合家族企业员工的半结构访谈的访谈结果，综合专家的修改意见进行编制和修改，在正式调研之前进行了小范围内的预调研，因此本量表具有良好的内容效度。结构效度是指研究者设计的测量量表能够在多大程度上反映需要测量变量的特质。对结构效度的检验主要通过验证性因子分析（CFA）。验证性因子分析旨在验证研究设计的测量量表与需要测量的变量之间的一致性程度。

为了进一步对量表的效度进行检验，还需要做聚合效度和区分效度检验，以进一步检验每个变量对其不同测量题项的一致性和解释能力，以及变量不同维度之间以及不同变量之间的差别。

5.2.2.1　聚合效度检验

聚合效度通过变量的组合信度（composite reliability，CR）和平均方差抽取量（average variance extracted，AVE）两个指标来衡量。Fornell & Larcker 提出来的评判标准如下：第一，所有标准化的因子载荷量大于 0.6，并显著；第二，组合信度（CR）的值大于 0.7；第三，平均方差抽取量（AVE）的值大于 0.5。如果同时满足以上三个标准，那么量表具有良好的聚合效度。本书首先通过验证性因子分析（CFA）得到标准化因子载荷量，然后使用相关计量分析软件计算出各变量各个维度的组合信度（CR）和平均方差抽取量（AVE）的值。下面分别对差序式领导、心理授权、角色内绩效、角色外绩效和个人成长需求进行聚合效度检验。

（1）差序式领导的聚合效度检验

工作型差序式领导和情感型差序式领导的聚合效度检验结果如表5.10 所示。通过验证性因子分析可以看出，各观测变量的标准化因子载荷均大于0.6，并达到显著性水平，表明具有良好的题目信度。同时，工作型差序式领导和情感型差序式领导的组合信度值都大于0.7，各维度的平均方差抽取量的值也都大于0.5。三项指标均达到标准要求，因此可以认为工作型差序式领导和情感型差序式领导的测量量表具有较好的聚合效度。

表 5.10　差序式领导组合信度和平均方差抽取量的值

变量的各个维度	题项	标准化因子载荷	CR	AVE
工作型差序式领导（WDL）	DL1	0.786***	0.9267	0.5853
	DL2	0.846***		
	DL3	0.801***		
	DL4	0.733***		
	DL5	0.843***		
	DL6	0.712***		
	DL8	0.724***		
	DL9	0.730***		
	DL10	0.693***		
情感型差序式领导（ADL）	DL11	0.748***	0.9256	0.5556
	DL12	0.731***		
	DL13	0.858***		
	DL14	0.729***		
	DL15	0.714***		
	DL16	0.761***		
	DL17	0.655***		
	DL18	0.770***		
	DL19	0.747***		
	DL20	0.725***		

注：*** 代表 $p < 0.001$。

（2）心理授权的聚合效度检验

心理授权的聚合效度检验结果如表 5.11 所示。通过验证性因子分析可以看出，各观测变量的标准化因子载荷均大于0.6，并达到显著性水平，表明具有良好的题目信度。同时，心理授权变量及其四维度的组合信度的值都大于0.7，心理授权变量及其四维度的平均方差抽取量的值也都大于0.5。三项指标均达到标准要求，因此可以认为心理授权的测量量表具有较好的聚合效度。

表 5.11 心理授权组合信度和平均方差抽取量的值

变量	变量的各个维度	题项	标准化因子载荷	CR′	AVE′	CR	AVE
心理授权（PE）	工作意义（PEa）	PE1	0.722***	0.8006	0.5727	0.8597	0.6053
		PE2	0.782***				
		PE3	0.765***				
	自主性（PEb）	PE4	0.691***	0.8109	0.5896		
		PE5	0.813***				
		PE6	0.794***				
	自我效能（PEc）	PE7	0.877***	0.8653	0.6820		
		PE8	0.789***				
		PE9	0.809***				
	工作影响（PEd）	PE10	0.806***	0.8440	0.6441		
		PE11	0.860***				
		PE12	0.737***				

注：*** 代表 $p<0.001$。

（3）角色内绩效的聚合效度检验

角色内绩效的聚合效度检验结果如表 5.12 所示。通过验证性因子分析可以看出，各观测变量的标准化因子载荷均大于 0.6，并达到显著性水平，表明具有良好的题目信度。同时，角色内绩效组合信度的值都大于 0.7，平均方差抽取量的值也都大于 0.5。三项指标均达到标准要求，因此可以认为角色内绩效的测量量表具有较好的聚合效度。

表 5.12 角色内绩效组合信度和平均方差抽取量的值

变量	题项	标准化因子载荷	CR	AVE
角色内绩效（IP）	IP1	0.737***	0.8739	0.5818
	IP2	0.846***		
	IP3	0.713***		
	IP4	0.727***		
	IP5	0.783***		

注：*** 代表 $p<0.001$。

（4）角色外绩效的聚合效度检验

角色外绩效的聚合效度检验结果如表 5.13 所示。通过验证性因子分析可以看出，各观测变量的标准化因子载荷均大于 0.6，并达到显著性水平，表明具有良好的题目信度。同时，角色外绩效变量及其五维度的组合信度的值都大于 0.7，角色外绩效变量及其五维度的平均方差抽取量的值也都大于 0.5。三项指标均达到标准要求，因此可以认为角色外绩效的测量量表具有较好的聚合效度。

表 5.13　角色外绩效组合信度和平均方差抽取量的值

变量	变量的各个维度	题项	标准化因子载荷	CR′	AVE′	CR	AVE
角色外绩效（EP）	认同组织	EP1	0.759 ***	0.8465	0.5804	0.8970	0.6356
		EP2	0.813 ***				
		EP3	0.700 ***				
		EP4	0.771 ***				
	保护公司资源	EP5	0.866 ***	0.8475	0.6501		
		EP6	0.792 ***				
		EP7	0.757 ***				
	帮助同事	EP8	0.727 ***	0.8562	0.5995		
		EP9	0.864 ***				
		EP10	0.727 ***				
		EP11	0.771 ***				
	维系人际和谐	EP12	0.747 ***	0.8259	0.5427		
		EP13	0.713 ***				
		EP14	0.759 ***				
		EP15	0.727 ***				
	敬业负责	EP16	0.860 ***	0.8827	0.6018		
		EP17	0.749 ***				
		EP18	0.773 ***				
		EP19	0.710 ***				
		EP20	0.779 ***				

注：*** 代表 $p<0.001$。

（5）个人成长需求的聚合效度检验

个人成长需求的聚合效度检验结果如表 5.14 所示。通过验证性因子分析可以看出，各观测变量的标准化因子载荷均大于 0.6，并达到显著性水平，表明具有良好的题目信度。同时，个人成长需求组合信度的值都大于 0.7，平均方差抽取量的值也都大于 0.5。三项指标均达到标准要求，因此可以认为个人成长需求的测量量表具有较好的聚合效度。

表5.14 个人成长需求组合信度和平均方差抽取量的值

变量	题项	标准化因子载荷	CR	AVE
个人成长需求 （PGN）	PGN1	0.699***	0.8807	0.5528
	PGN2	0.714***		
	PGN3	0.694***		
	PGN4	0.786***		
	PGN5	0.829***		
	PGN6	0.729***		

注：*** 代表 $p<0.001$。

5.2.2.2 各变量维度间的区分效度检验

对于区分效度的评判标准，本书参考了 Netemeyer，Johnston & Burton 提出来的方法。首先，变量各维度之间的标准化系数小于 0.85；其次，变量各维度两两之间的相关系数值应该都小于两个维度的平均方差抽取量的开方值（$\sqrt{AVE}$）。只有满足以上两个条件，才能通过区分效度检验。

（1）差序式领导的区分效度检验

差序式领导的区分效度检验结果如表5.15所示。表中下三角中的数值为差序式领导两维度之间的相关系数，对角线上的数值为两维度平均方差抽取量的开方值。从表中可以看出，两维度间的相关系数 0.307 小于两维度各自平均方差抽取量的开方值，表明差序式领导具有良好的区分效度。同时，从表5.15可以看出，两维度之间的相关系数不大，因此将差序式领导当作一个一阶因子进行研究。

表5.15 差序式领导各维度间区分效度检验结果

维度	变量各维度间的相关系数和 $\sqrt{AVE}$ 矩阵	
	工作型差序式领导	情感型差序式领导
工作型差序式领导	0.7650	
情感型差序式领导	0.307***	**0.7454**

注：① *** 代表 $p<0.001$。

② 对角线加粗数字为 AVE 的开方值，下三角为维度间的皮尔森相关系数。

（2）心理授权的区分效度检验

心理授权的区分效度检验结果如表 5.16 所示。表中下三角中的数值为心理授权四维度间的相关系数，对角线上的数值为四维度平均方差抽取量的开方值。从表中可以看出，两两维度间的相关系数均小于各自平均方差抽取量的开方值，表明心理授权具有良好的区分效度。同时，从表 5.16 可以看出，变量两两维度间的相关系数较大，四个维度之间最小相关系数为 0.568（$p<0.001$），说明二阶因子存在，因此将心理授权作为整体提出假设。

表 5.16 心理授权各维度间区分效度检验结果

维度	变量各维度间的相关系数和 $\sqrt{\text{AVE}}$ 矩阵			
	工作意义	自主性	自我效能	工作影响
工作意义	**0.7568**			
自主性	0.642***	**0.7679**		
自我效能	0.613***	0.594***	**0.8258**	
工作影响	0.625***	0.568***	0.584***	**0.8026**

注：① *** 代表 $p<0.001$。

② 对角线加粗数字为 AVE 的开方值，下三角为维度间的皮尔森相关系数。

（3）角色外绩效的区分效度检验

角色外绩效的区分效度检验结果如表 5.17 所示。表中下三角中的数值为角色外绩效五维度间的相关系数，对角线上的数值为五维度平均方差抽取量的开方值。从表中可以看出，两两维度间的相关系数均小于各自平均方差抽取量的开方值，表明角色外绩效具有良好的区分效度。同时，从表 5.17 可以看出，两两维度间的相关系数较大，五个维度间最小相关系数为 0.587（$p<0.001$），说明二阶因子存在，因此将角色外绩效作为整体提出假设。

表 5.17　角色外绩效各维度之间区分效度检验结果

维度	变量各维度间的相关系数和 $\sqrt{AVE}$ 矩阵				
	认同组织	保护公司资源	帮助同事	维系人际和谐	敬业负责
认同组织	**0.7618**				
保护公司资源	0.635***	**0.8063**			
帮助同事	0.681***	0.587***	**0.7743**		
维系人际和谐	0.663***	0.629***	0.615***	**0.7367**	
敬业负责	0.633***	0.613***	0.659***	0.631***	**0.7758**

注：① *** 代表 $p<0.001$。

　　② 对角线加粗数字为 AVE 的开方值，下三角为变量间的皮尔森相关系数。

（4）模型各变量间的区分效度检验

表 5.18 是模型各变量间的区分效度检验结果。可以看出，变量间的相关系数均小于 0.500，并且各变量的 $\sqrt{AVE}$ 值均大于各个变量与其他变量两两之间的相关系数值。

表 5.18　模型各变量间区分效度检验结果

变量	变量间的相关系数和 $\sqrt{AVE}$ 矩阵					
	工作型差序式领导	情感型差序式领导	心理授权	角色内绩效	角色外绩效	个人成长需求
工作型差序式领导	**0.7650**					
情感型差序式领导	0.282**	**0.7454**				
心理授权	0.424**	0.437**	**0.7780**			
角色内绩效	0.338**	0.319**	0.415**	**0.7628**		
角色外绩效	0.378*	0.370**	0.476**	0.342**	**0.7972**	
个人成长需求	0.172**	0.110**	0.294**	0.148**	0.224**	**0.7435**

注：① ** 代表 $p<0.010$。

　　② 对角线加粗数字为 AVE 的开方值，下三角为变量间的皮尔森相关系数。

综上，本书中使用的各个变量的测量量表均具有较好的信度和效度。接下来对问卷的共同方法变异问题进行检验。

5.2.3 共同方法变异

在做问卷调查时，由于相同的数据来源、语境、问卷类型等测量方法方面的原因，很容易出现共同方法变异（common method variace，CMV）的问题。为了控制问卷品质，在问卷设计过程中打乱变量的测量题项再随机配置（正式分析问卷时，为了研究方便将题目又重新排列在一起），事前对可能出现的共同方法变异进行一定的控制。根据 Podsakoff & Organ 的建议，本书使用 Harman's test 来检验共同方法变异。该方法假设当一个主要因素能够解释大部分总体方差变异时，意味着存在显著的共同方法变异问题。将所有题项一起做因子分析，未转轴得到的第一个因子的解释变异为 27.662%（<50%），表明共同方法变异问题不严重。为了进一步证明不存在共同方法变异问题，本书根据 Liang 等的方法用 CFA 估计共同方法变异问题。同时，为了避免 Amos 出现模型不识别或者不收敛问题，本书采用 Smart PLS3 软件估计共同方法变异问题。首先，增加一个共同方法因素（common method factor），假设该变量影响所有的观察变量，从而得到各个变量的共同方法因素的因子载荷量。从表 5.19 可以看出，方法因子载荷大多不显著，并且所有变量的平均实质可解释变异量为 0.533，共同方法因素的平均可解释变异量为 0.0014，两者的比值大约为 381 : 1。因此，本研究过程中不存在严重的共同方法变异问题。

表 5.19 共同方法变异分析

因子	测量题项	实质因子载荷 (R_1)	R_1^2	方法因子载荷 (R_2)	R_2^2
工作型差序式领导	DL1	0.813 ***	0.661	−0.078 *	0.0061
	DL2	0.857 ***	0.734	0.026	0.0007
	DL3	0.826 ***	0.682	−0.003	0.0000
	DL4	0.768 ***	0.590	0.019	0.0004
	DL5	0.856 ***	0.733	−0.005	0.0000
	DL6	0.753 ***	0.567	−0.021	0.0004
	DL8	0.761 ***	0.579	0.032	0.0010
	DL9	0.768 ***	0.590	−0.025	0.0006
	DL10	0.731 ***	0.534	0.002	0.0000

续表

因子	测量题项	实质因子载荷（R_1）	R_1^2	方法因子载荷（R_2）	R_2^2
情感型差序式领导	DL11	0.776***	0.602	0.046	0.0021
	DL12	0.763***	0.582	−0.045	0.0020
	DL13	0.862***	0.743	0.046	0.0021
	DL14	0.763***	0.582	−0.002	0.0000
	DL15	0.749***	0.561	0.026	0.0007
	DL16	0.786***	0.618	−0.039	0.0015
	DL17	0.705***	0.497	0.010	0.0001
	DL18	0.792***	0.627	−0.012	0.0001
	DL19	0.777***	0.604	−0.003	0.0000
	DL20	0.760***	0.578	0.031	0.0010
心理授权	PE1	0.647***	0.419	0.026*	0.0007
	PE2	0.683***	0.466	−0.044	0.0019
	PE3	0.702***	0.493	−0.004	0.0000
	PE4	0.588***	0.346	−0.075	0.0056
	PE5	0.686***	0.471	0.051*	0.0026
	PE6	0.693***	0.480	−0.004	0.0000
	PE7	0.723***	0.523	0.029	0.0008
	PE8	0.681***	0.464	−0.077*	0.0059
	PE9	0.705***	0.497	−0.001	0.0000
	PE10	0.722***	0.521	0.020	0.0004
	PE11	0.712***	0.507	0.036	0.0013
	PE12	0.669***	0.448	0.033	0.0011

续表

因子	测量题项	实质因子载荷（R_1）	R_1^2	方法因子载荷（R_2）	R_2^2
角色外绩效	EP1	0.679***	0.461	−0.002	0.0000
	EP2	0.697***	0.486	−0.001	0.0000
	EP3	0.624***	0.389	−0.022	0.0005
	EP4	0.689***	0.475	−0.001	0.0000
	EP5	0.663***	0.440	0.027	0.0007
	EP6	0.686***	0.471	−0.087*	0.0076
	EP7	0.647***	0.419	0.056	0.0031
	EP8	0.639***	0.408	−0.062**	0.0038
	EP9	0.704***	0.496	0.033	0.0011
	EP10	0.682***	0.465	−0.045	0.0020
	EP11	0.661***	0.437	0.047	0.0022
	EP12	0.620***	0.384	0.056	0.0031
	EP13	0.652***	0.425	−0.095**	0.0090
	EP14	0.670***	0.449	0.066**	0.0044
	EP15	0.649***	0.421	0.023	0.0005
	EP16	0.725***	0.526	−0.013	0.0002
	EP17	0.670***	0.449	0.030	0.0009
	EP18	0.649***	0.421	−0.016	0.0003
	EP19	0.636***	0.404	0.019	0.0004
	EP20	0.679***	0.461	−0.020	0.0004
角色内绩效	IP1	0.872***	0.760	−0.037	0.0014
	IP2	0.806***	0.650	0.044	0.0019
	IP3	0.815***	0.664	0.032	0.0010
	IP4	0.750***	0.563	0.025	0.0006
	IP5	0.790***	0.624	−0.024	0.0006
个人成长需求	PGN1	0.756***	0.572	0.013	0.0002
	PGN2	0.762***	0.581	0.042	0.0018
	PGN3	0.743***	0.552	0.026	0.0007
	PGN4	0.812***	0.659	0.007	0.0000
	PGN5	0.824***	0.679	−0.012	0.0001
	PGN6	0.759***	0.576	0.011	0.0001
平均值			0.533		0.0014

注：*** 代表 $p<0.001$，** 代表 $p<0.01$，* 代表 $p<0.05$。

综上，可以确信研究中使用的各个变量的测量量表均具有较好的信度和效度，并且共同方法变异问题不严重，接下来就可以进行路径系数分析和模型假设检验。

5.2.4 结构方程全模型检验和结果分析

5.2.4.1 结构方程全模型拟合优度检验

对前文建立的差序式领导对自己人员工绩效影响的中介作用结构方程全模型进行检验，拟合优度检验结果如表 5.20 所示。

表 5.20 结构方程全模型拟合优度检验结果

统计检验量	拟合评价标准	拟合指标值	拟合状况
RMSEA	<0.01 非常好，<0.05 较好，<0.1 可以接受	0.018	较好
CFI	≥0.7 可接受，>0.95 为好	0.985	好
TLI	>0.80 可接受，>0.90 为好	0.984	好
χ^2/df	>1 且<2 优，可宽松至<5	1.198	优
SRMR	≤0.08，越小越好	0.033	好

由表 5.20 可知，所有拟合指标均落在了标准范围内。这表明本书构建的理论模型与实际数据拟合程度较高，使用本书构建的模型进行数据分析的结果是可以接受的。差序式领导对自己人员工绩效的影响及其中介作用机制的结构方程模型标准化运行结果如图 5.1 所示。

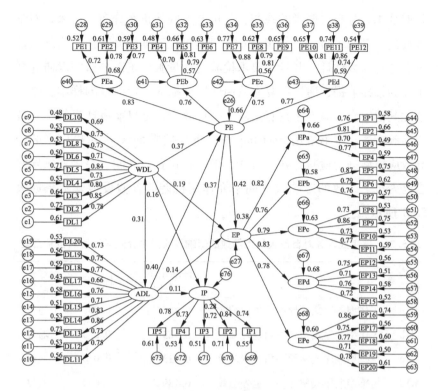

图 5.1　差序式领导对自己人员工绩效的影响及其中介作用

机制的结构方程模型标准化运行结果

5.2.4.2　模型的假设检验和结果分析

本书构建了差序式领导对自己人员工绩效影响的中介效应模型。中介效应检验有多种方法，其中 Baron & Kenny 提出的逐步检验法（causal steps approach）是目前被学者使用最多的，但是该方法存在很明显的问题，即要求自变量和因变量必须存在显著的相关关系，否则中介效应无从谈起。王孟成发现，与其他中介效应检验方法相比，该方法的统计功效最小。另外一种使用较多的方法是 Sobel 提出来的系数乘积检验法（product coefficients approach），也叫 Sobel 检验法。该方法检验自变量和中介变量的系数与中介变量和因变量的系数的乘积是否显著，检验的前提是变量服从正态分布。该前提在样本量很少时很难满足，即使自变量和中介变量的系数与中介变量和因变量的系数均服从正态分布，两者的乘积也很可能不服从正态分布。后来，有学者提出了 Bootstrap 法。该方法的原理是把经验抽样分布作为实际整体分布进行参数估计，并且不要求检验统计量服从正态分布，以研究样本作为抽样前提，通过反复有放回的取样抽取一定数量的样本。该方法比其他中介检验方法具有更高的统计效力，是目前最理想的中介效应检验方法。本书采用 Bootstrap 法，重复抽样 5000 次对提出来的中介效应模型进行检验，并获得 95% 偏差校正置信区间。差序式领导对自己人员工绩效的影响及其间中介作用机制的各假设检验结果如表5.21 所示。

表 5.21　差序式领导对自己人员工绩效的影响及其间中效应模型的检验结果

对应假设	变量间关系	标准化路径系数	标准差	检验结果
H1a	工作型差序式领导→角色内绩效	0.156**	0.037	通过
H1b	工作型差序式领导→角色外绩效	0.185***	0.035	通过
H1c	情感型差序式领导→角色内绩效	0.113*	0.036	通过
H1d	情感型差序式领导→角色外绩效	0.139**	0.034	通过
H2a	工作型差序式领导→心理授权	0.370***	0.031	通过
H2b	情感型差序式领导→心理授权	0.398***	0.031	通过
H3a	心理授权→角色内绩效	0.366***	0.076	通过
H3b	心理授权→角色外绩效	0.416***	0.074	通过

对应假设	变量间关系	间接效应	Boot SE	Bootstrap95%CI		检验结果
				LLCI	ULCI	
H4a	工作型差序式领导→心理授权→角色内绩效	0.104***	0.022	0.065	0.152	通过
H4b	工作型差序式领导→心理授权→角色外绩效	0.114***	0.024	0.073	0.165	通过
H4c	情感型差序式领导→心理授权→角色内绩效	0.107***	0.022	0.068	0.156	通过
H4d	情感型差序式领导→心理授权→角色外绩效	0.117***	0.022	0.077	0.165	通过

注：*** 代表 $p<0.001$，** 代表 $p<0.01$，* 代表 $p<0.05$。

研究发现，工作型差序式领导对自己人员工的角色内绩效有显著正向影响（$\beta=0.156$，$p<0.01$），假设 H1a 得到支持；工作型差序式领导对自己人员工的角色外绩效有显著正向影响（$\beta=0.185$，$p<0.001$），假设 H1b 得到支持；情感型差序式领导对自己人员工的角色内绩效有显著正向影响（$\beta=0.113$，$p<0.05$），假设 H1c 得到支持；情感型差序式领导对自己人员工的角色外绩效有显著正向影响（$\beta=0.139$，$p<0.01$），假设 H1d 得到支持；工作型差序式领导对自己人员工的心理授权有显著正向影响（$\beta=0.370$，$p<0.001$），假设 H2a 得到支持；情感型差序式领导对自己人员工的心理授权有显著正向影响（$\beta=0.398$，$p<0.001$），假设 H2b 得到支持；心理授权对自己人员工的角色内绩效有显著正向影响（$\beta=0.366$，$p<0.001$），假设 H3a 得到支持；心理授权对自己人员工的角色外绩效有显著正向影响（$\beta=0.416$，$p<0.001$），假设 H3b 得到支持。就中介效应而言，工作型差序式领导通过提高自己人员工的心理授权影响自己人员工角色内绩效的中介效应显著（$\beta=0.104$，$p<0.001$），95%的置信区间不包含 0，假设 H4a 得到支持；工作型差序式领导通过提高自己人员工的心理授权影响自己人员工角色外绩效的中介效应显著（$\beta=0.114$，$p<0.001$），95%的置信区间不包含 0，假设 H4b 得到支持；情感型差序式领导通过提高自己人员工的心理授权影响自己人员工角色内绩效的中介效应显著（$\beta=0.107$，$p<0.001$），95%的置信区间不包含 0，假设 H4c 得到支持；情感型差序式领导通过提高自己人员工的心理授权影响自己人员工角色外绩效的中介效应显著（$\beta=0.117$，$p<0.001$），95%的置信区间不包含 0，假设 H4d 得到支持。

上述研究已经证明了心理授权在工作型/情感型差序式领导与自己人员工角色内/角色外绩效之间的中介作用。为了进一步检验个人成长需求是否对心理授权在工作型/情感型差序式领导与角色内/角色外绩效之间的中介效应模型有调节作用，本书采用 Hayes 编制的 SPSS PROCESS3.2 程序中的 Model1（假设自变量和因变量的主效应受调节变量的调节）、Model59（假设中介模型的主效应和前半段和后半段均受调节变量的调节）进行检验。首先需要验证个人成长需求对工作型/

情感型差序式领导与角色内/角色外绩效之间是否具有调节效应，然后检验个人成长需求对中介作用模型两个阶段是否具有调节效应，最后分组进一步验证有调节的中介效应模型。本书采用 Bootstrap 法，重复抽样 5000 次对提出来的有调节的中介效应进行检验，并获得 95% 偏差校正置信区间。

工作型差序式领导通过心理授权对自己人员工角色内绩效影响的有调节的中介效应模型的检验结果如表 5.22、表 5.23 所示。首先采用 SPSS PROCESS3.2 中的 Model1 对主效应的调节效应进行检验，从表 5.22 中的模型 1 可以看出，调节变量个人成长需求对工作型差序式领导与自己人员工的角色内绩效之间的调节效应显著（$\beta = 0.443$，$p<0.001$），假设 H5a 得到验证。然后采用 SPSS PROCESS3.2 中的 Model59 进行有调节的中介效应检验，从表 5.22 中的模型 2 可以看出，工作性差序式领导与自己人员工的心理授权正相关（$\beta = 0.331$，$p<0.001$），并且个人成长需求对工作型差序式领导与心理授权之间关系的调节作用显著（$\beta = 0.166$，$p<0.001$），进而证明了个人成长需求对中介模型前半段的调节效应显著，假设 H6a 得到验证。

表 5.22　工作型差序式领导对自己人角色内绩效影响的有调节的中介效应检验

变量	IP（模型 1）			PE（模型 2）			IP（模型 3）			Bootstrap95%CI	
	系数	标准差	t	系数	标准差	t	系数	标准差	t	LLCI	ULCI
Constant	3.732	0.034	110.347***	-0.016	0.028	-0.586	3.696	0.033	112.702***	3.632	3.761
WDL	0.335	0.037	9.015***	0.331	0.030	10.861***	0.191	0.039	4.950***	0.115	0.267
PGN	0.114	0.054	2.090***	0.275	0.045	6.165***	0.052	0.053	0.982	-0.052	0.156
WDL * PGN	0.443	0.059	7.529***	0.166	0.048	3.448***	0.252	0.062	4.094***	0.131	0.373
PE							0.341	0.047	7.308***	0.249	0.432
PE * PGN							0.381	0.074	5.188***	0.237	0.526
R^2		0.198			0.245			0.292			
F		49.653***			65.456***			49.772***			

注：*** 代表 $p<0.001$，** 代表 $p<0.01$。

从表 5.22 中的模型 3 可以看出，工作型差序式领导与自己人员工的角色内绩效正相关（$\beta=0.191$，$p<0.001$），心理授权与角色内绩效正相关（$\beta=0.341$，$p<0.001$），个人成长需求对工作型差序式领导与自己人员工角色内绩效之间关系的调节作用仍然显著（$\beta=0.252$，$p<0.01$），并且个人成长需求对心理授权与自己人员工角色内绩效之间关系的调节作用显著（$\beta=0.381$，$p<0.001$），假设 H7a 得到验证，进而证明个人成长需求对中介模型具有调节效应，假设 H8a 得到验证。在对有调节的中介效应进一步检验时，在 SPSS PROCESS3.2 采取调节变量均值的基础上加减一个标准差构建高低组，得到不同取值情况下的条件间接效应值，检验结果如表 5.23 所示。可以看出，当自己人员工个人成长需求处于均值低一个标准差时，工作型差序式领导通过心理授权影响角色内绩效的间接效应值为 0.023（Bootstrap95% 置信区间包含 0）；当自己人员工个人成长需求处于均值水平时，工作型差序式领导通过心理授权影响角色内绩效的间接效应值为 0.113（Bootstrap95%置信区间不包含 0）；当自己人员工个人成长需求处于均值高一个标准差时，工作型差序式领导通过心理授权影响角色内绩效的间接效应值为 0.252（Bootstrap95%置信区间不包含 0）。除了个人成长需求处于均值低一个标准差时，工作型差序式领导通过心理授权影响员工角色内绩效的中介效应都显著。因此，个人成长需求对工作型差序式领导通过心理授权影响自己人员工角色内绩效的中介效应模型具有调节作用，假设 H8a 得到进一步验证。

表 5.23　中介变量 PE 在调节变量 PGN 不同水平上的中介效应值

	PGN	Effect	Boot SE	Bootstrap95%CI	
				LLCI	ULCI
	均值−0.624	0.023	0.018	−0.008	0.062
PE 的中介效应	均值	0.113	0.019	0.078	0.152
	均值+0.624	0.252	0.038	0.182	0.330

工作型差序式领导通过心理授权对自己人员工角色外绩效影响的有调节的中介效应模型的检验结果如表 5.24、表 5.25 所示。首先采

用 Model1 对主效应的调节效应进行检验，从表 5.24 中的模型 1 可以看出，调节变量个人成长需求对工作型差序式领导与自己人员工的角色外绩效之间的调节效应不显著（$\beta=0.078$，$p>0.050$），假设 H5b 未得到验证。然后采用 Model58 进行有调节的中介效应检验，从表 5.24 中的模型 2 可以看出，工作型差序式领导与自己人员工的心理授权正相关（$\beta=0.331$，$p<0.001$），并且个人成长需求对工作型差序式领导与心理授权之间关系的调节作用显著（$\beta=0.166$，$p<0.01$），进而证明了个人成长需求对中介模型前半段的调节效应显著，假设 H6a 得到验证。从表 5.24 中的模型 3 可以看出，工作型差序式领导与自己人员工的角色外绩效正相关（$\beta=0.153$，$p<0.001$），心理授权与角色外绩效正相关（$\beta=0.327$，$p<0.001$），并且个人成长需求对心理授权与自己人员工角色外绩效之间关系的调节作用显著（$\beta=0.224$，$p<0.001$），假设 H7b 得到验证，进而证明个人成长需求对中介模型具有调节效应，假设 H8b 得到验证。在对有调节的中介效应进行进一步检验时，在 SPSS PROCESS3.2 采取调节变量均值的基础上加减一个标准差构建高低组，得到不同取值情况下的条件间接效应值，检验结果如表 5.25 所示。可以看出，当自己人员工个人成长需求处于均值低一个标准差时，工作型差序式领导通过心理授权影响角色外绩效的间接效应值为 0.043（Bootstrap95%置信区间不包含 0）；当自己人员工个人成长需求处于均值水平时，工作型差序式领导通过心理授权影响角色外绩效的间接效应值为 0.108（Bootstrap95%置信区间不包含 0）；当自己人员工个人成长需求处于均值高一个标准差时，工作型差序式领导通过心理授权影响角色外绩效的间接效应值为 0.203（Bootstrap95%置信区间不包含 0）。因此，个人成长需求对工作型差序式领导通过心理授权影响自己人员工角色外绩效的中介效应模型具有调节作用，假设 H8b 得到进一步验证。

表 5.24　工作型差序式领导对自己人角色外绩效影响的有调节的中介效应检验

变量	IP（模型 1）			PE（模型 2）			IP（模型 3）			Bootstrap95%CI	
	系数	标准差	t	系数	标准差	t	系数	标准差	t	LLCI	ULCI
Constant	3.596	0.027	133.496***	-0.016	0.028	-0.586	3.571	0.026	138.098***	3.521	3.622
WDL	0.278	0.030	9.381***	0.331	0.030	10.861***	0.153	0.030	5.097***	0.094	0.212
PGN	0.184	0.043	4.225***	0.275	0.045	6.165***	0.110	0.041	2.657**	0.029	0.192
WDL * PGN	0.078	0.047	1.657	0.166	0.048	3.448**					
PE							0.327	0.036	9.022***	0.256	0.398
PE * PGN							0.224	0.052	4.285***	0.121	0.327
R^2	0.172			0.245			0.292				
F	41.844***			65.456***			62.219***				

注：*** 代表 $p<0.001$，** 代表 $p<0.01$。

132

表 5.25　中介变量 PE 在调节变量 PGN 不同水平上的中介效应值

	PGN	Effect	Boot SE	Bootstrap95%CI	
				LLCI	ULCI
PE 的中介效应	均值-0.624	0.043	0.016	0.015	0.076
	均值	0.108	0.016	0.078	0.140
	均值+0.624	0.203	0.026	0.154	0.255

　　情感型差序式领导通过心理授权对自己人员工角色内绩效影响的有调节的中介效应模型的检验结果如表 5.26、表 5.27 所示。首先采用 Model1 对主效应的调节效应进行检验，从表 5.26 中的模型 1 可以看出，调节变量个人成长需求对情感型差序式领导与自己人员工的角色内绩效之间的调节效应显著（$\beta=0.403$，$p<0.001$），假设 H5c 得到验证。然后采用 Model59 进行有调节的中介效应检验，从表 5.26 中的模型 2 可以看出，情感性差序式领导与自己人员工的心理授权正相关（$\beta=0.357$，$p<0.001$），并且个人成长需求对情感型差序式领导与心理授权之间关系的调节作用显著（$\beta=0.162$，$p<0.01$），证明了个人成长需求对中介模型前半段的调节效应显著，假设 H6b 得到验证。从表 5.26 中的模型 3 可以看出，情感型差序式领导与自己人员工的角色内绩效正相关（$\beta=0.171$，$p<0.001$），心理授权与角色内绩效正相关（$\beta=0.346$，$p<0.001$），个人成长需求对情感型差序式领导与自己人员工角色内绩效之间关系的调节作用仍然显著（$\beta=0.230$，$p<0.001$），并且个人成长需求对心理授权与自己人员工角色内绩效之间关系的调节作用显著（$\beta=0.428$，$p<0.001$），假设 H7a 得到验证，进而证明个人成长需求对中介模型具有调节效应，假设 H8c 得到验证。在对有调节的中介效应进行进一步检验时，在 SPSS PROCESS3.2 采取调节变量均值的基础上加减一个标准差构建高低组，得到不同取值情况下的条件间接效应值，检验结果如表 5.27 所示。可以看出，当自己人员工个人成长需求处于均值低一个标准差时，情感型差序式领导通过心理授权影响角色内绩效的间接效应值为 0.020（Bootstrap95%置信区间包含 0）；当自己人员工个人成长需求处于均值水平时，工作型差序式领导通过心理授权影响

表 5.26 情感型差序式领导对自己人角色内绩效影响的有调节的中介效应检验

变量	IP（模型 1）			PE（模型 2）			IP（模型 3）			Bootstrap95%CI	
	系数	标准差	t	系数	标准差	t	系数	标准差	t	LLCI	ULCI
Constant	3.750	0.034	110.370***	-0.010	0.027	-0.372	3.700	0.033	112.352***	3.635	3.765
ADL	0.327	0.038	8.686***	0.357	0.030	11.893***	0.171	0.039	4.344***	0.094	0.248
PGN	0.138	0.055	2.531*	0.298	0.044	6.820***	0.069	0.053	1.299	-0.035	0.174
ADL * PGN	0.403	0.060	6.722***	0.162	0.048	3.391**	0.230	0.060	3.845***	0.112	0.347
PE							0.346	0.048	7.273***	0.252	0.496
PE * PGN							0.428	0.071	6.053***	0.289	0.567
R^2		0.176			0.266			0.284			
F		43.069***			73.192***			47.948***			

注：*** 代表 $p<0.001$，** 代表 $p<0.01$，* 代表 $p<0.05$。

角色内绩效的间接效应值为 0.123（Bootstrap95%置信区间不包含 0）；当自己人员工个人成长需求处于均值高一个标准差时，情感型差序式领导通过心理授权影响角色内绩效的间接效应值为 0.281（Bootstrap95%置信区间不包含 0）。因此，除了个人成长需求处于低一个标准差，情感型差序式领导通过心理授权影响角色内绩效的中介效应都显著。也就是说，个人成长需求对情感型差序式领导通过心理授权影响自己人员工角色内绩效的中介效应模型具有调节作用，假设 H8c 得到进一步验证。

表 5.27　中介变量 PE 在调节变量 PGN 不同水平上的中介效应值

	PGN	Effect	Boot SE	Bootstrap95%CI	
				LLCI	ULCI
PE 的中介效应	均值-0.624	0.020	0.016	-0.012	0.053
	均值	0.123	0.019	0.088	0.163
	均值+0.624	0.281	0.035	0.216	0.354

　　情感型差序式领导通过心理授权对自己人员工角色外绩效影响的有调节的中介效应模型的检验结果如表 5.28、表 5.29 所示。首先采用 Model1 对主效应的调节效应进行检验，从表 5.28 中的模型 1 可以看出，调节变量个人成长需求对情感型差序式领导与自己人员工的角色外绩效之间的调节效应不显著（$\beta=0.052$，$p>0.05$），假设 H5d 未得到验证。然后采用 Model58 进行有调节的中介效应检验，从表 5.28 中的模型 2 可以看出，情感性差序式领导与自己人员工的心理授权正相关（$\beta=0.357$，$p<0.001$），并且个人成长需求对情感型差序式领导与心理授权之间关系的调节作用显著（$\beta=0.162$，$p<0.01$），证明了个人成长需求对中介模型前半段的调节效应显著，假设 H6b 得到验证。从表 5.28 中的模型 3 可以看出，情感型差序式领导与自己人员工的角色外绩效正相关（$\beta=0.149$，$p<0.001$），心理授权与角色外绩效正相关（$\beta=0.323$，$p<0.001$），个人成长需求对心理授权与自己人员工角色外绩效之间关系的调节作用显著（$\beta=0.229$，$p<0.001$），假设 H7b 得到验证，进而证明个人成长需求对中介模型具有调节效应，假设 H8d 得到验证。

表 5.28　情感型差序式领导对自己人角色外绩效影响的有调节的中介效应检验

变量	IP（模型 1）			PE（模型 2）			IP（模型 3）			Bootstrap95%CI	
	系数	标准差	t	系数	标准差	t	系数	标准差	t	LLCI	ULCI
Constant	3.600	0.027	134.784***	-0.010	0.027	-0.372	3.571	0.026	138.890***	3.520	3.621
ADL	0.279	0.030	9.438***	0.357	0.030	11.893***	0.149	0.030	4.919***	0.090	0.209
PGN	0.209	0.043	4.871***	0.298	0.044	6.820***	0.127	0.041	3.053**	0.045	0.208
ADL * PGN	0.052	0.047	1.099	0.162	0.048	3.391**					
PE							0.323	0.037	8.763***	0.251	0.395
PE * PGN							0.229	0.052	4.389***	0.127	0.332
R^2	0.172			0.266			0.290				
F	41.947***			73.192***			61.617***				

注：*** 代表 $p<0.001$，** 代表 $p<0.01$。

在对有调节的中介效应进行进一步检验时，在 SPSS PROCESS3.2 采取调节变量均值的基础上加减一个标准差构建高低组，得到不同取值情况下的条件间接效应值，检验结果如表 5.29 所示。可以看出，当自己人员工个人成长需求处于均值低一个标准差时，情感型差序式领导通过心理授权影响角色外绩效的间接效应值为 0.046（Boot-strap95%置信区间不包含 0）；当自己人员工个人成长需求处于均值水平时，工作型差序式领导通过心理授权影响角色内绩效的间接效应值为 0.115（Bootstrap95%置信区间不包含 0）；当自己人员工个人成长需求处于均值高一个标准差时，情感型差序式领导通过心理授权影响角色外绩效的间接效应值为 0.214（Bootstrap95%置信区间不包含 0）。因此，个人成长需求对情感型差序式领导通过心理授权影响自己人员工角色外绩效的中介效应模型具有调节作用，假设 H8d 得到进一步验证。

表 5.29 中介变量 PE 在调节变量 PGN 不同水平上的中介效应值

	PGN	Effect	Boot SE	Bootstrap95%CI	
				LLCI	ULCI
PE 的中介效应	均值−0.624	0.046	0.017	0.015	0.080
	均值	0.115	0.016	0.084	0.148
	均值+0.624	0.214	0.025	0.166	0.266

5.3 差序式领导对外人员工绩效的影响及其作用机制的实证检验

5.3.1 量表的信度分析

5.3.1.1 探索性因子分析

下面分别对外人员工的差序式领导、角色内绩效、角色外绩效、外群体偏爱以及个人成长需求进行探索性因子分析。首先，对各变量进行 KMO 和 Bartlett 球形检验，结果如表 5.30 所示。差序式领导、角色内绩效、角色外绩效、外群体偏爱以及个人成长需求变量的测量量表的 KMO 值分别为 0.953、0.870、0.938、0.906、0.904，Bartlett 球形检验的结果均在小于 0.001 水平下显著，说明各个变量适合做因子分析。

表 5.30 各个变量的 KMO 及 Bartlett 球形检验

变量名称	KMO	Bartlett 球形检验		
		χ^2	df	Sig.
差序式领导	**0.953**	7673.043	171	0.000
角色内绩效	**0.870**	1559.904	10	0.000
角色外绩效	**0.938**	8457.927	190	0.000
外群体偏爱	**0.906**	3542.286	36	0.000
个人成长需求	**0.904**	2026.206	15	0.000

各变量的探索性因子分析结果如下。

（1）差序式领导的探索性因子分析

差序式领导的探索性因子分析结果如表 5.31 所示。通过因子分析得到了 2 个因子：因子 1 是工作型差序式领导，包含 DL1～DL6、DL8～DL10 九个题项；因子 2 是情感型差序式领导，包含 DL11～DL20 十个题项。提取的这两个因子能够累积解释的总体方差变异达到 60.051%，高于 50% 的经验值。同时，每个题项的因子载荷均大于 0.5。

表 5.31 差序式领导量表探索性因子分析

题项	累积计解释方差比	提取的因子	
		因子 1	因子 2
DL1		0.118	**0.815**
DL2		0.115	**0.845**
DL3		0.150	**0.809**
DL4		0.147	**0.755**
DL5	30.825%	0.078	**0.721**
DL6		0.109	**0.742**
DL8		0.086	**0.835**
DL9		0.044	**0.726**
DL10		0.092	**0.736**

题项	累积解释方差比	提取的因子	
		因子 1	因子 2
DL11		**0.778**	0.088
DL12		**0.768**	0.113
DL13		**0.850**	0.124
DL14		**0.715**	0.079
DL15	60.051%	**0.748**	0.075
DL16		**0.739**	0.042
DL17		**0.694**	0.104
DL18		**0.773**	0.123
DL19		**0.745**	0.108
DL20		**0.763**	0.163

（2）角色内绩效的探索性因子分析

角色内绩效的探索性因子分析结果如表 5.32 所示。通过因子分析得到了 1 个因子，包含 IP1～1P5 五个题项。提取的这个因子能够累积解释的总体方差变异达到 65.161%，高于 50% 的经验值。同时，每个题项的因子载荷均大于 0.5。

表 5.32　角色内绩效量表探索性因子分析

题项	累积解释方差比	提取的因子
		因子 1
IP1		**0.815**
IP2		**0.837**
IP3	65.161%	**0.836**
IP4		**0.755**
IP5		**0.790**

（3）角色外绩效的探索性因子分析

角色外绩效的探索性因子分析结果如表 5.33 所示。通过因子分析得到了 5 个因子：因子 1 是认同组织，包含 EP1～EP4 四个题项；因子 2 是保护公司资源，包含 EP5～EP7 三个题项；因子 3 是帮助同事，包含 EP8～EP11 四个题项；因子 4 是维系人际和谐，包含 EP12～

EP15 四个题项；因子 5 是敬业负责，包含 EP16~EP20 五个题项。提取的这五个因子能够使累积解释的总体方差变异达到 71.840%，高于 50% 的经验值。同时，每个题项的因子载荷均大于 0.5。

表 5.33　角色外绩效量表探索性因子分析

题项	累积解释方差比	提取的因子				
		因子 1	因子 2	因子 3	因子 4	因子 5
EP1		0.219	**0.726**	0.182	0.222	0.190
EP2	17.155%	0.270	**0.768**	0.194	0.202	0.151
EP3		0.226	**0.839**	0.160	0.179	0.139
EP4		0.240	**0.717**	0.182	0.225	0.198
EP5		0.190	0.193	0.191	0.122	**0.853**
EP6	31.805%	0.180	0.250	0.263	0.178	**0.716**
EP7		0.231	0.140	0.184	0.193	**0.771**
EP8		0.186	0.198	**0.753**	0.111	0.178
EP9	46.138%	0.161	0.161	**0.774**	0.249	0.236
EP10		0.183	0.211	**0.766**	0.156	0.112
EP11		0.193	0.098	**0.738**	0.265	0.171
EP12		0.130	0.153	0.164	**0.804**	0.147
EP13	60.418%	0.224	0.242	0.190	**0.698**	0.094
EP14		0.246	0.217	0.240	**0.798**	0.150
EP15		0.238	0.186	0.185	**0.704**	0.162
EP16		**0.789**	0.215	0.188	0.203	0.171
EP17		**0.704**	0.180	0.204	0.208	0.172
EP18	71.840%	**0.764**	0.191	0.130	0.159	0.073
EP19		**0.719**	0.197	0.111	0.186	0.163
EP20		**0.739**	0.198	0.197	0.140	0.181

（4）外群体偏爱量表的探索性因子分析

外群体偏爱的探索性因子分析结果如表 5.34 所示。通过因子分析得到了 2 个因子：因子 1 是行为倾向上的外群体偏爱，包含 B-OF1~B-OF5 五个题项；因子 2 是情感评价上的外群体偏爱，包含 A-OF2~A-OF5 四个题项。提取的这两个因子能够累积解释的总体方差变异达到 69.991%，高于 50% 的经验值，同时，每个题项的因子载荷均大于 0.5。

表 5.34　外群体偏爱量表探索性因子分析

题项	累积解释方差比	提取的因子	
		因子 1	因子 2
B-OF1		**0.779**	0.221
B-OF2		**0.720**	0.213
B-OF3	36.698%	**0.770**	0.274
B-OF4		**0.863**	0.240
B-OF5		**0.753**	0.257
A-OF2		0.260	**0.824**
A-OF3	69.991%	0.294	**0.845**
A-OF4		0.188	**0.824**
A-OF5		0.291	**0.794**

（5）个人成长需求的探索性因子分析

个人成长需求的探索性因子分析结果如表 5.35 所示。通过因子分析得到了 1 个因子，包含 PGN11~PGN6 六个题项。提取的这个因子能够累积解释的总体方差变异达到 63.328%，高于 50% 的经验值，同时，每个题项的因子载荷均大于 0.5。

表 5.35　个人成长需求量表探索性因子分析

题项	累积解释方差比	提取的因子
		因子 1
PGN1		**0.767**
PGN2		**0.774**
PGN3	63.328%	**0.754**
PGN4		**0.832**
PGN5		**0.853**
PGN6		**0.790**

5.3.1.2　信度检验

对收集的所有有效数据进行信度检验，结果见表 5.36。可以看出，工作型差序式领导和情感型差序式领导分量表的 Cronbach's α 系数都是 0.921，差序式领导总量表的 Cronbach's α 系数为 0.909；角色内绩效量表的 Cronbach's α 系数为 0.861；认同组织、保护公司资源、帮助同事、维系人际和谐、敬业负责分量表的 Cronbach's α 系数分别为 0.881、0.839、0.860、0.857、0.878，角色外绩效总量表的 Cronbach's α 系数为 0.936；行为倾向上的外群体偏爱和情感评价上的外群体偏爱分量表的 Cronbach's α 系数分别为 0.872、0.884，外群体偏爱总量表的 Cronbach's α 系数为 0.897；个人成长需求量表的 Cronbach's α 系数为 0.884。所有分量表和总量表的 Cronbach's α 系数都大于 0.8，因此可以认为所设计的差序式领导、角色内绩效、角色外绩效、外群体偏爱以及个人成长需求量表具有较高的内部一致性和可靠性。

表 5.36　变量的信度检验结果

量表	变量名称	题项数目	Cronbach's α	
差序式领导 （DL）	工作型差序式领导（WDL）	9	0.921	0.909
	情感型差序式领导（ADL）	10	0.921	
角色内绩效 （IP）	角色内绩效（IP）	5	0.861	0.861
角色外绩效 （EP）	认同组织	4	0.881	0.936
	保护公司资源	3	0.839	
	帮助同事	4	0.860	
	维系人际和谐	4	0.857	
	敬业负责	5	0.878	
外群体偏爱 （OF）	行为倾向上的外群体偏爱	5	0.872	0.897
	情感评价上的外群体偏爱	4	0.884	
个人成长需求 （PGN）	个人成长需求（PGN）	6	0.884	0.884

5.3.1.3　拟合优度检验

各变量的拟合优度检验结果如表 5.37 所示。可以看出，差序式领导、外群体偏爱、角色内绩效、个人成长需求和角色外绩效均通过了拟合优度检验，并且角色外绩效的二阶因子模型的拟合优度检验并没有使模型明显恶化。同时，角色外绩效的目标系数（T 值）为

0.937，说明角色外绩效的二阶因子可以代替一阶因子。

表 5.37　变量的拟合优度检验结果

模型	χ^2	df	χ^2/df	RMSEA	CFI	TLI	SRMR
差序式领导	238.836	151	1.582	0.029	0.988	0.987	0.026
外群体偏爱	43.227	26	1.663	0.031	0.995	0.993	0.021
角色内绩效	13.801	5	2.760	0.017	0.994	0.989	0.010
个人成长需求	18.794	9	2.088	0.039	0.995	0.992	0.016
一阶角色外绩效	297.180	160	1.857	0.035	0.984	0.981	0.032
二阶角色外绩效	317.029	165	1.921	0.036	0.982	0.979	0.035
标准			<5	<0.1	>0.95	>0.9	<0.08

5.3.2　量表的效度分析

5.3.2.1　聚合效度检验

聚合效度的评判标准通过变量的组合信度（CR）和平均方差抽取量（AVE）两个指标来衡量。下面分别对差序式领导、外群体偏爱、角色内绩效、角色外绩效和个人成长需求进行聚合效度检验。

（1）差序式领导的聚合效度检验

差序式领导的聚合效度检验结果如表 5.38 所示。通过验证性因子分析可以看出，各观测变量的标准化因子载荷均大于 0.6，并达到显著性水平，表明具有良好的题目信度。同时，差序式领导两维度组合信度的值都大于 0.7，两维度的平均方差抽取量的值也都大于 0.5。三项指标均达到标准要求，因此可以认为差序式领导的测量量表具有较好的聚合效度。

表 5.38　差序式领导组合信度和平均方差抽取量的值

变量的各个维度	题项	标准化因子载荷	CR	AVE
工作型差序式领导 （WDL）	DL1	0.800***		
	DL2	0.838***		
	DL3	0.801***		
	DL4	0.736***		
	DL5	0.680***	0.9220	0.5692
	DL6	0.712***		
	DL8	0.820***		
	DL9	0.678***		
	DL10	0.704***		
情感型差序式领导 （ADL）	DL11	0.756***		
	DL12	0.746***		
	DL13	0.856***		
	DL14	0.676***		
	DL15	0.718***	0.9212	0.5403
	DL16	0.699***		
	DL17	0.653***		
	DL18	0.763***		
	DL19	0.716***		
	DL20	0.748***		

注：*** 代表 $p<0.001$。

（2）外群体偏爱的聚合效度检验

外群体偏爱的聚合效度检验结果见表 5.39 所示。通过验证性因子分析可以看出，各观测变量的标准化因子载荷均大于 0.6，并达到显著性水平，表明具有良好的题目信度。同时，外群体偏爱变量及其两维度组合信度的值都大于 0.7，外群体偏爱变量及其两维度的平均方差抽取量的值也都大于 0.5。三项指标均达到标准要求，因此可以认为外群体偏爱的测量量表具有较好的聚合效度。

表 5.39　外群体偏爱组合信度和平均方差抽取量的值

变量	变量的各个维度	题项	标准化因子载荷	CR	AVE	CR	AVE
外群体偏爱（OF）	情感评价上的外群体偏爱（OFa）	A-OF2	0.812***	0.8853	0.6594	0.7747	0.6329
		A-OF3	0.881***				
		A-OF4	0.754***				
		A-OF5	0.796***				
	行为倾向上的外群体偏爱（OFb）	B-OF1	0.756***	0.8757	0.5867		
		B-OF2	0.674***				
		B-OF3	0.761***				
		B-OF4	0.883***				
		B-OF5	0.741***				

注：*** 代表 $p<0.001$。

（3）角色内绩效的聚合效度检验

角色内绩效的聚合效度检验结果如表 5.40 所示。通过验证性因子分析可以看出，各观测变量的标准化因子载荷均大于 0.6，并达到显著性水平，表明具有良好的题目信度。同时，角色内绩效组合信度的值都大于 0.7，平均方差抽取量的值也都大于 0.5。三项指标均达到标准要求，因此可以认为角色内绩效的测量量表具有较好的聚合效度。

表 5.40　角色内绩效组合信度和平均方差抽取量的值

变量	题项	标准化因子载荷	CR	AVE
角色内绩效（IP）	IP1	0.767***	0.8668	0.5665
	IP2	0.793***		
	IP3	0.798***		
	IP4	0.675***		
	IP5	0.723***		

注：*** 代表 $p<0.001$。

（4）角色外绩效的聚合效度检验

角色外绩效的聚合效度检验结果如表 5.41 所示。通过验证性因子分析可以看出，各观测变量的标准化因子载荷均大于 0.6，并达到显著性水平，表明具有良好的题目信度。同时，角色外绩效变量及其五维度组合信度的值都大于 0.7，角色外绩效变量及其五维度的平均方差抽取量的值也都大于 0.5。三项指标均达到标准要求，因此可以认为角色外绩效的测量量表具有较好的聚合效度。

表 5.41　角色外绩效组合信度和平均方差抽取量的值

变量	变量的各个维度	题项	标准化因子载荷	CR	AVE	CR	AVE
角色外绩效（EP）	认同组织（EPa）	EP1	0.772***	0.8881	0.6653	0.8824	0.6002
		EP2	0.835***				
		EP3	0.867***				
		EP4	0.785***				
	保护公司资源（EPb）	EP5	0.877***	0.8503	0.6553		
		EP6	0.777***				
		EP7	0.770***				
	帮助同事（EPc）	EP8	0.743***	0.8612	0.6087		
		EP9	0.851***				
		EP10	0.752***				
		EP11	0.770***				
	维系人际和谐（EPd）	EP12	0.759***	0.8672	0.6222		
		EP13	0.735***				
		EP14	0.913***				
		EP15	0.734***				
	敬业负责（EPe）	EP16	0.870***	0.8804	0.5967		
		EP17	0.753***				
		EP18	0.73***				
		EP19	0.722***				
		EP20	0.778***				

注：*** 代表 $p<0.001$。

（5）个人成长需求的聚合效度检验

个人成长需求的聚合效度检验结果如表 5.42 所示。通过验证性因子分析可以看出，各观测变量的标准化因子载荷均大于 0.6，并达到显著性水平，表明具有良好的题目信度。同时，个人成长需求组合信度的值都大于 0.7，平均方差抽取量的值也都大于 0.5。三项指标均达到标准要求，因此可以认为个人成长需求的测量量表具有较好的聚合效度。

表 5.42　个人成长需求组合信度和平均方差抽取量的值

变量	题项	标准化因子载荷	CR	AVE
个人成长需求（PGN）	PGN1	0.711***		
	PGN2	0.720***		
	PGN3	0.693***	0.8854	0.5618
	PGN4	0.799***		
	PGN5	0.832***		
	PGN6	0.732***		

注：*** 代表 $p<0.001$。

5.3.2.2　各变量维度间区分效度检验

（1）差序式领导量表的区分效度检验

差序式领导量表的区分效度检验结果如表 5.43 所示。表中下三角中的数值为差序式领导两维度之间的相关系数，对角线上数值为两维度平均方差抽取量的开方值。从表中可以看出，两个维度间的相关系数 0.289 小于两维度各自平均方差抽取量的开方值，表明差序式领导量表具有良好的区分效度。同时，从表 5.43 可以看出，两维度之间的相关系数较小，因此将差序式领导看作一个一阶因子。

表 5.43　差序式领导各维度之间区分效度检验结果

维度	变量各维度间的相关系数和 $\sqrt{AVE}$ 矩阵	
	工作型差序式领导	情感型差序式领导
工作型差序式领导	**0.7545**	
情感型差序式领导	0.289***	**0.7351**

注：① *** 代表 $p<0.001$。

② 对角线加粗数字为 $\sqrt{AVE}$，下三角为变量间的皮尔森相关系数。

（2）外群体偏爱量表的区分效度检验

外群体偏爱量表的区分效度检验结果如表 5.44 所示。表中下三角中的数值为外群体偏爱两维度间的相关系数，对角线上的数值为两维度平均方差抽取量的开方值。从表中可以看出，两维度间的相关系数均小于两维度各自平均方差抽取量的开方值，表明外群体偏爱量表具有良好的区分效度。同时，从表 5.44 可以看出，两维度间的相关系数较大，为 0.630（$p<0.001$），表明二阶因子的存在，因此将外群体偏爱作为整体提出假设。

表 5.44　外群体偏爱各维度之间区分效度检验结果

维度	变量各维度间的相关系数和 $\sqrt{AVE}$ 矩阵	
	行为倾向上的外群体偏爱	情感评价上的外群体偏爱
行为倾向上的外群体偏爱	**0.7660**	
情感评价上的外群体偏爱	0.630***	**0.8120**

注：① *** 代表 $p<0.001$。

② 对角线加粗数字为 $\sqrt{AVE}$，下三角为变量间的皮尔森相关系数。

（3）角色外绩效量表的区分效度检验

角色外绩效量表的区分效度检验结果如表 5.45 所示。表中下三角中的数值为角色外绩效五维度间的相关系数，对角线上的数值为五维度平均方差抽取量的开方值。从表中可以看出，任一维度与其他维度间的相关系数均小于该维度的平均方差抽取量的开方值，表明角色外绩效量表具有良好的区分效度。同时，从表 5.45 可以看出，两维度间的相关系数较大，五个维度之间最小相关系数为 0.566（$p<0.001$），这也说明了二阶因子的存在，因此将角色外绩效作为整体提出假设。

表 5.45　角色外绩效各维度之间区分效度检验结果

维度	变量各维度间的相关系数和 $\sqrt{AVE}$ 矩阵				
	认同组织	保护公司资源	帮助同事	维系人际和谐	敬业负责
认同组织	**0.8157**				
保护公司资源	0.630***	**0.8095**			
帮助同事	0.620***	0.580***	**0.7802**		
维系人际和谐	0.616***	0.570***	0.612**	**0.7888**	
敬业负责	0.583***	0.566***	0.602***	0.617***	**0.7725**

注：① *** 代表 $p<0.001$，** 代表 $p<0.01$。

② 对角线加粗数字为 $\sqrt{AVE}$，下三角为变量间的皮尔森相关系数。

（4）模型各变量间的区分效度检验

表 5.46 是模型各变量间的区分效度检验。可以看出，变量之间相关系数均小于 0.450，并且各变量的 $\sqrt{\text{AVE}}$ 均大于各个变量与其他变量两两之间的相关系数值。

表 5.46　模型各变量之间区分效度检验结果

变量	变量间的相关系数和 $\sqrt{\text{AVE}}$ 矩阵					
	工作型差序式领导	情感型差序式领导	外群体偏爱	角色内绩效	角色外绩效	个人成长需求
工作型差序式领导	**0.7545**					
情感型差序式领导	0.264**	**0.7351**				
外群体偏爱	0.354**	0.321**	**0.7956**			
角色内绩效	0.315**	0.316**	0.440**	**0.7527**		
角色外绩效	0.304**	0.286**	0.388**	0.419**	**0.7747**	
个人成长需求	0.363**	0.443**	0.348**	0.349**	0.317**	**0.7495**

注：① ** 代表 $p < 0.010$。

② 对角线加粗数字为 $\sqrt{\text{AVE}}$，下三角为变量间的皮尔森相关系数。

综上，本书中使用的各个变量的测量量表均具有较好的信度和效度。接下来对问卷的共同方法变异问题进行检验。

5.3.3　共同方法变异

首先，使用 Harman's test 来检验共同方法变异。将所有题项一起做因子分析，未转轴得到的第一个因子的解释变异为 24.521%（<50%），表明共同方法变异问题不严重。为了进一步证明不存在共同方法变异问题，用 CFA 来估计共同方法变异问题，得到共同方法因素的因子载荷量，如表 5.47 所示。可以看出，方法因子载荷量大多不显著，并且所有变量的平均实质可解释变异量为 0.547，共同方法因子的平均可解释变异量为 0.0012，两者的比值大约为 456∶1。由于共同方法因素的因子载荷量大多不显著，加上较小的可解释变异数较小，因此共同方法变异问题不严重。

表 5.47　共同方法变异分析

因子	测量题项	实质因子载荷 (R_1)	R_1^2	方法因子载荷 (R_2)	R_2^2
工作型差序式领导	DL1	0.776***	0.602	−0.012	0.0001
	DL2	0.750***	0.563	0.039	0.0015
	DL3	0.839***	0.704	0.051	0.0026
	DL4	0.724***	0.524	0.012	0.0001
	DL5	0.751***	0.564	−0.022	0.0005
	DL6	0.736***	0.542	0.003	0.0000
	DL8	0.702***	0.493	−0.026	0.0007
	DL9	0.783***	0.613	−0.086**	0.0074
	DL10	0.752***	0.566	0.032	0.0010
情感型差序式领导	DL11	0.779***	0.607	−0.020	0.0004
	DL12	0.742***	0.551	0.033	0.0011
	DL13	0.859***	0.738	0.021	0.0004
	DL14	0.782***	0.612	−0.067	0.0045
	DL15	0.823***	0.677	−0.034	0.0012
	DL16	0.853***	0.728	−0.055	0.0030
	DL17	0.823***	0.677	0.064	0.0041
	DL18	0.769***	0.591	0.018	0.0003
	DL19	0.719***	0.517	−0.021	0.0004
	DL20	0.724***	0.524	0.055	0.0030
外群体偏爱	A−OF2	0.720***	0.518	−0.065**	0.0042
	A−OF3	0.755***	0.570	0.035	0.0012
	A−OF4	0.672***	0.452	0.006	0.0000
	A−OF5	0.750***	0.563	0.023	0.0005
	B−OF1	0.753***	0.567	−0.015	0.0002
	B−OF2	0.794***	0.630	0.005	0.0000
	B−OF3	0.725***	0.526	0.006	0.0000
	B−OF4	0.792***	0.627	0.022	0.0005
	B−OF5	0.700***	0.490	−0.020	0.0004

因子	测量题项	实质因子载荷（R_1）	R_1^2	方法因子载荷（R_2）	R_2^2
	EP1	0.694***	0.482	0.009	0.0001
	EP2	0.640***	0.410	0.040	0.0016
	EP3	0.651***	0.424	−0.064**	0.0041
	EP4	0.622***	0.387	0.017	0.0003
	EP5	0.655***	0.429	−0.054**	0.0029
	EP6	0.742***	0.551	0.061*	0.0037
	EP7	0.661***	0.437	−0.004	0.0000
	EP8	0.735***	0.540	0.041	0.0017
	EP9	0.685***	0.469	−0.010	0.0001
角色外绩效	EP10	0.629***	0.396	−0.031	0.0010
	EP11	0.646***	0.417	0.001	0.0000
	EP12	0.721***	0.520	−0.059	0.0035
	EP13	0.681***	0.464	0.001	0.0000
	EP14	0.702***	0.493	0.025	0.0006
	EP15	0.705***	0.497	0.030	0.0009
	EP16	0.642***	0.412	0.009	0.0001
	EP17	0.669***	0.448	0.019	0.0004
	EP18	0.636***	0.404	0.012	0.0001
	EP19	0.635***	0.403	−0.064	0.0041
	EP20	0.697***	0.486	0.022	0.0005
	IP1	0.812***	0.659	0.014	0.0002
	IP2	0.816***	0.666	−0.06**	0.0036
角色内绩效	IP3	0.827***	0.684	0.017	0.0003
	IP4	0.739***	0.546	−0.002	0.0000
	IP5	0.733***	0.537	−0.008	0.0001
	PGN1	0.767***	0.588	0.013	0.0002
	PGN2	0.774***	0.599	−0.046	0.0021
个人成长需求	PGN3	0.754***	0.569	0.027	0.0007
	PGN4	0.832***	0.692	0.008	0.0001
	PGN5	0.853***	0.728	−0.013	0.0002
	PGN6	0.790***	0.624	0.012	0.0001
平均值					

注：*** 代表 $p<0.001$，** 代表 $p<0.01$，* 代表 $p<0.05$。

综上，本书使用的各个变量的测量量表均具有较好的信度和效度，并且共同方法变异问题不严重。接下来进行路径系数分析和假设的检验。

5.3.4 结构方程全模型检验和结果分析

5.3.4.1 结构方程全模型拟合优度检验

对前文建立的差序式领导对外人员工绩效影响的中介作用结构方程全模型进行检验，结构方程模型的拟合优度检验结果如表 5.48 所示。

表 5.48 模型拟合优度检验结果

统计检验量	拟合评价标准	拟合指标值	拟合状况
RMSEA	<0.01 非常好，<0.05 较好，<0.1 可以接受	0.018	良好
CFI	≥0.7 可接受，>0.95 为好	0.985	良好
TLI	>0.80 可接受，>0.90 为好	0.985	良好
χ^2/df	>1 且<2 优，可宽松至<5	1.242	良好
SRMR	≤0.08，越小越好	0.036	良好

由表 5.48 可知，所有拟合指标均落在了标准范围内。这说明本书构建的理论模型与实际数据拟合程度较高，使用本书构建的模型进行数据分析的结果是可以接受的。差序式领导对外人员工绩效的影响及其间中介作用机制的结构方程模型标准化运行结果如图 5.2 所示。

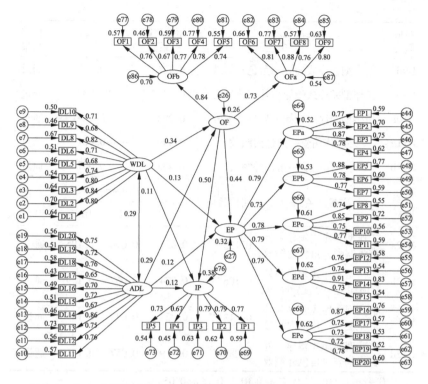

图 5.2　差序式领导对外人员工绩效影响的结构方程模型标准化运行结果

5.3.4.2　模型的假设检验和结果分析

本书构建了差序式领导对外人员工角色内绩效和角色外绩效的中介效应模型，采用 Bootstrap 法，重复抽样 5000 次，对提出来的中介效应进行检验，并获得 95% 偏差校正置信区间。差序式领导对外人员工绩效的影响及其间中介效应模型的检验结果如表 5.49 所示。

表 5.49　差序式领导对外人员工绩效的影响及其间中介效应模型的检验结果

对应假设	变量间关系	标准化路径系数	标准差	检验结果
H9a	工作型差序式领导→角色内绩效	0.110*	0.034	通过
H9b	工作型差序式领导→角色外绩效	0.126**	0.032	通过
H9c	情感型差序式领导→角色内绩效	0.124**	0.033	通过

对应假设	变量间关系	标准化路径系数	标准差	检验结果
H9d	情感型差序式领导→角色外绩效	0.121**	0.030	通过
H10a	工作型差序式领导→外群体偏爱	0.344***	0.034	通过
H10b	情感型差序式领导→外群体偏爱	0.293***	0.034	通过
H11a	外群体偏爱→角色内绩效	0.499***	0.061	通过
H11b	外群体偏爱→角色外绩效	0.438***	0.067	通过

对应假设	变量间关系	间接效应	Boot SE	Bootstrap95%CI		检验结果
				LLCI	ULCI	
H12a	工作型差序式领导→外群体偏爱→角色内绩效	0.135***	0.027	0.090	0.195	通过
H12b	工作型差序式领导→外群体偏爱→角色外绩效	0.106***	0.024	0.067	0.159	通过
H12c	情感型差序式领导→外群体偏爱→角色内绩效	0.113***	0.022	0.075	0.161	通过
H12d	情感型差序式领导→外群体偏爱→角色外绩效	0.089***	0.019	0.057	0.131	通过

注：*** 代表 $p<0.001$，** 代表 $p<0.01$，* 代表 $p<0.05$。

　　研究发现，工作型差序式领导对外人员工的角色内绩效有显著正向影响（$\beta=0.110$，$p<0.05$），假设 H9a 得到支持；工作型差序式领导对外人员工的角色外绩效没有影响（$\beta=0.126$，$p<0.01$），假设 H9b 得到支持；情感型差序式领导对外人员工的角色内绩效有显著正向影响（$\beta=0.124$，$p<0.01$），假设 H9c 得到支持；情感型差序式领导对外人员工的角色外绩效有显著正向影响（$\beta=0.121$，$p<0.01$），假设 H9d 得到支持；工作型差序式领导对外人员工的外群体偏爱有显著正向影响（$\beta=0.344$，$p<0.001$），假设 H10a 得到支持；情感型差序式领导对外人员工的外群体偏爱有显著正向影响（$\beta=0.293$，$p<0.001$），假设 H10b 得到支持；外群体偏爱对外人员工的角色内绩效有显著正向影响（$\beta=0.499$，$p<0.001$），假设 H11a 得到支持；外群体偏爱对外人员工的角色外绩效有显著正向影响（$\beta=0.438$，$p<0.001$），假设 H11b 得到支持。就中介效应而言，工作型差序式领导

通过提高外人员工的外群体偏爱影响外人员工角色内绩效的中介效应显著（$\beta=0.135$，$p<0.001$），95%的置信区间不包含 0，假设 H12a 得到支持；工作型差序式领导通过提高外人员工的外群体偏爱影响外人员工角色外绩效的中介效应显著（$\beta=0.106$，$p<0.001$），95%的置信区间不包含 0，假设 H12b 得到支持；情感型差序式领导通过提高外人员工的外群体偏爱影响外人员工角色内绩效的中介效应显著（$\beta=0.113$，$p<0.001$），95%的置信区间不包含 0，假设 H12c 得到支持；情感型差序式领导通过提高外人员工的外群体偏爱影响外人员工角色外绩效的中介效应显著（$\beta=0.089$，$p<0.001$），95%的置信区间不包含 0，假设 H12d 得到支持。

上述研究已经证明了外群体偏爱在工作型/情感型差序式领导与角色内/角色外绩效之间的中介作用。为了进一步检验个人成长需求是否对外群体偏爱在工作型/情感型差序式领导与角色内/角色外绩效之间的中介效应模型有调节作用，本节采用 Hayes 编制的 SPSS PROCESS3.2 程序中的 Model1、Model59 进行检验。首先验证个人成长需求对工作型/情感型差序式领导与角色内/角色外绩效之间是否具有调节效应，然后检验个人成长需求对中介作用模型两个阶段是否具有调节效应，最后分组进一步检验有调节的中介效应模型。本节采用 Bootstrap 法重复抽样 5000 次对所提出来的有调节的中介效应进行检验，并获得 95%偏差校正置信区间。

工作型差序式领导通过外群体偏爱对外人员工角色内绩效影响的有调节的中介效应模型的检验结果如表 5.50、表 5.51 所示。首先采用 Model1 对主效应的调节效应进行检验，从表 5.50 中的模型 1 可以看出，调节变量个人成长需求对工作型差序式领导与外人员工的角色内绩效之间的调节效应显著（$\beta=0.382$，$p<0.001$），假设 H13a 得到验证。然后采用 Model59 进行有调节的中介效应检验，从表 5.50 中的模型 2 可以看出，工作型差序式领导与外人员工的外群体偏爱正相关（$\beta=0.271$，$p<0.001$），并且个人成长需求对工作型差序式领导与外群体偏爱之间关系的调节作用显著（$\beta=0.379$，$p<0.001$），进而证明了个人成长需求对中介模型前半段的调节效应显著，假设 H14a 得到

验证。从表 5.50 中的模型 3 可以看出，工作型差序式领导与外人员工的角色内绩效正相关（$\beta = 0.113$，$p<0.01$），外群体偏爱与角色内绩效正相关（$\beta = 0.316$，$p<0.001$），个人成长需求对工作型差序式领导与外人员工角色内绩效之间关系的调节作用仍然显著（$\beta = 0.206$，$p<0.001$），并且个人成长需求对外群体偏爱与外人员工角色内绩效之间关系的调节作用显著（$\beta = 0.220$，$p<0.001$），假设 H15a 得到验证，进而证明个人成长需求对中介模型具有调节效应，假设 H16a 也得到验证。在对有调节的中介效应进行进一步检验时，在 SPSS PROCESS3.2 采取调节变量均值的基础上加减一个标准差构建高低组，得到不同取值情况下的条件间接效应值，检验结果如表 5.51 所示。可以看出，当外人员工个人成长需求处于均值低一个标准差时，工作型差序式领导通过外群体偏爱影响角色内绩效的间接效应值为 0.006（Bootstrap95%置信区间包含 0）；当外人员工个人成长需求处于均值水平时，工作型差序式领导通过外群体偏爱影响角色内绩效的间接效应值为 0.086（Bootstrap95%置信区间不包含 0）；当外人员工个人成长需求处于均值高一个标准差时，工作型差序式领导通过外群体偏爱影响角色内绩效的间接效应值为 0.232（Bootstrap95%置信区间不包含 0）。因此，除了个人成长需求处于均值低一个标准差时，工作型差序式领导通过外群体偏爱影响员工角色内绩效的中介效应都显著。也就是说，个人成长需求对工作型差序式领导通过外群体偏爱影响外人员工角色内绩效的中介效应模型具有调节作用，假设 H16a 得到进一步验证。

表 5.50　工作型差序式领导对外人角色内绩效影响的有调节的中介效应检验

变量	IP（模型 1）			PE（模型 2）			IP（模型 3）			Bootstrap95%CI	
	系数	标准差	t	系数	标准差	t	系数	标准差	t	LLCI	ULCI
Constant	3.708	0.032	115.888***	-0.078	0.031	-2.525*	3.702	0.031	118.071***	3.641	3.764
WDL	0.233	0.036	6.506***	0.271	0.034	7.881***	0.113	0.037	3.051**	0.040	0.185
PGN	0.400	0.051	7.821***	0.367	0.049	7.446***	0.308	0.051	6.083***	0.209	0.408
WDL*PGN	0.382	0.055	6.933***	0.379	0.053	7.144***	0.206	0.057	3.653***	0.095	0.317
OF							0.316	0.038	8.373***	0.242	0.390
OF*PGN							0.220	0.054	4.085***	0.114	0.326
R^2	0.216			0.236			0.293				
F	64.890***			72.852***			58.430***				

注：*** 代表 $p<0.001$，** 代表 $p<0.01$，* 代表 $p<0.05$。

表 5.51 中介变量 OF 在调节变量 PGN 不同水平上的中介效应值

	PGN	Effect	Boot SE	Bootstrap95%CI	
				LLCI	ULCI
	均值-0.629	0.006	0.009	-0.010	0.026
OF 的中介效应	均值	0.086	0.016	0.056	0.119
	均值+0.629	0.232	0.036	0.167	0.308

工作型差序式领导通过外群体偏爱对外人员工角色外绩效影响的有调节的中介效应模型的检验结果如表 5.52、表 5.53 所示。首先采用 Model1 对主效应的调节效应进行检验，从表 5.52 中的模型 1 可以看出，调节变量个人成长需求对工作型差序式领导与外人员工的角色外绩效之间的调节效应显著（$\beta=0.270$，$p<0.001$），假设 H13b 得到验证。然后采用 Model59 进行有调节的中介效应检验，从表 5.52 中的模型 2 可以看出，工作型差序式领导与外人员工的外群体偏爱正相关（$\beta=0.271$，$p<0.001$），并且个人成长需求对工作型差序式领导与外群体偏爱之间关系的调节作用显著（$\beta=0.379$，$p<0.001$），进而证明了个人成长需求对中介模型前半段的调节效应显著，假设 H14a 得到验证。从表 5.52 中的模型 3 可以看出，工作型差序式领导与外人员工的角色外绩效正相关（$\beta=0.100$，$p<0.01$），外群体偏爱与角色外绩效正相关（$\beta=0.216$，$p<0.001$），个人成长需求对工作型差序式领导与外人员工角色外绩效之间关系的调节作用仍然显著（$\beta=0.143$，$p<0.01$），并且个人成长需求对外群体偏爱与外人员工角色外绩效之间关系的调节作用显著（$\beta=0.177$，$p<0.001$），假设 H15b 得到验证，进而证明个人成长需求对中介模型具有调节效应，假设 H16b 得到验证。在对有调节的中介效应进行进一步检验时，在 SPSS PROCESS3.2 采取调节变量均值的基础上加减一个标准差构建高低组，得到不同取值情况下的条件间接效应值，检验结果如表 5.53 所示。可以看出，当外人员工个人成长需求处于均值低一个标准差时，工作型差序式领导通过外群体偏爱影响角色外绩效的间接效应值为 0.003（Bootstrap95%置信区间包含 0）；当外人员工个人成长需求处于均值水平时，

表 5.52　工作型差序式领导对外人角色外绩效影响的有调节的中介效应检验

变量	IP（模型 1）			PE（模型 2）			IP（模型 3）			Bootstrap95%CI	
	系数	标准差	t	系数	标准差	t	系数	标准差	t	LLCI	ULCI
Constant	3.563	0.026	135.969***	-0.078	0.031	-2.525*	3.555	0.026	136.512***	3.504	3.606
WDL	0.186	0.029	6.360***	0.271	0.034	7.881***	0.100	0.031	3.265**	0.040	0.160
PGN	0.282	0.042	6.731***	0.367	0.049	7.446***	0.222	0.042	5.273***	0.139	0.304
WDL * PGN	0.270	0.045	5.984***	0.379	0.053	7.144***	0.143	0.047	3.038**	0.051	0.235
OF							0.216	0.031	6.898***	0.155	0.278
OF * PGN							0.177	0.045	3.944***	0.089	0.265
R^2	0.183			0.236			0.242				
F	52.781***			72.906***			45.053***				

注：*** 代表 $p<0.001$，** 代表 $p<0.01$，* 代表 $p<0.05$。

工作型差序式领导通过外群体偏爱影响角色外绩效的间接效应值为0.059（Bootstrap95%置信区间不包含0）；当外人员工个人成长需求处于均值高一个标准差时，工作型差序式领导通过外群体偏爱影响角色外绩效的间接效应值为0.167（Bootstrap95%置信区间不包含0）。因此，除了个人成长需求处于均值低一个标准差时，工作型差序式领导通过外群体偏爱影响员工角色外绩效的中介效应都显著。也就是说，个人成长需求对工作型差序式领导通过外群体偏爱影响外人员工角色外绩效的中介效应模型具有调节作用，假设 H16b 得到进一步验证。

表 5.53　中介变量 OF 在调节变量 PGN 不同水平上的中介效应值

	PGN	Effect	Boot SE	Bootstrap95%CI	
				LLCI	ULCI
OF 的中介效应	均值−0.629	0.003	0.006	−0.006	0.017
	均值	0.059	0.011	0.039	0.082
	均值+0.629	0.167	0.027	0.115	0.222

情感型差序式领导通过外群体偏爱对外人员工角色内绩效影响的有调节的中介效应模型的检验结果如表 5.54、表 5.55 所示。首先采用 Model1 对主效应的调节效应进行检验，从表 5.54 中的模型 1 可以看出，调节变量个人成长需求对情感型差序式领导与外人员工的角色内绩效之间的调节效应不显著（$\beta=0.096$，$p>0.05$），假设 H13c 未得到验证。然后采用 Model58 进行有调节的中介效应检验，从表 5.54 中的模型 2 可以看出，情感型差序式领导与外人员工的外群体偏爱正相关（$\beta=0.210$，$p<0.001$），但是个人成长需求对情感型差序式领导与外群体偏爱之间关系的调节作用不显著（$\beta=0.065$，$p>0.05$），证明了个人成长需求对中介模型前半段的调节效应不显著，假设 H14b 未得到验证，因此换 Model14 进行有调节的中介效应检验。从表 5.54 中的模型 3 可以看出，情感型差序式领导与外人员工的角色内绩效正相关（$\beta=0.137$，$p<0.001$），外群体偏爱与角色内绩效正相关（$\beta=0.354$，$p<0.001$），个人成长需求对外群体偏爱与外人员工角色内绩效

表 5.54　情感型差序式领导对外人角色内绩效影响的有调节的中介效应检验

变量	IP（模型 1）			PE（模型 2）			IP（模型 3）			Bootstrap95%CI	
	系数	标准差	t	系数	标准差	t	系数	标准差	t	LLCI	ULCI
Constant	3.763	0.034	109.860***	-0.016	0.033	-0.481	3.225	0.136	23.631***	2.957	3.493
ADL	0.211	0.039	5.395***	0.210	0.038	5.498***	0.137	0.036	3.780***	0.066	0.209
PGN	0.383	0.055	6.898***	0.365	0.054	6.748***	0.254	0.052	4.856***	0.151	0.356
ADL * PGN	0.096	0.058	1.647	0.065	0.057	1.136					
OF							0.354	0.035	9.989***	0.284	0.423
OF * PGN							0.310	0.050	6.162***	0.211	0.409
R^2	0.157			0.157			0.288				
F	44.059***			44.094***			71.584***				

注：*** 代表 $p < 0.001$。

之间关系的调节作用显著（$\beta=0.310$，$p<0.001$），假设 H15a 得到验证，进而证明个人成长需求对中介模型具有调节效应，假设 H16c 得到验证。对有调节的中介效应进行进一步检验时，在 SPSS PROCESS3.2 采取调节变量均值的基础上加减一个标准差构建高低组，得到不同取值情况下的条件间接效应值，检验结果如表 5.55 所示。可以看出，当外人员工个人成长需求处于均值低一个标准差时，情感型差序式领导通过外群体偏爱影响角色内绩效的间接效应值为 0.050（Bootstrap95%置信区间不包含 0）；当外人员工个人成长需求处于均值水平时，工作型差序式领导通过外群体偏爱影响角色内绩效的间接效应值为 0.111（Bootstrap95%置信区间不包含 0）；当外人员工个人成长需求处于均值高一个标准差时，情感型差序式领导通过外群体偏爱影响角色内绩效的间接效应值为 0.173（Bootstrap95%置信区间不包含 0）。同时，有调节的中介效应指数（index of moderated mediation）为 0.098（Bootstrap95%置信区间不包含 0）。因此，个人成长需求对情感型差序式领导通过外群体偏爱影响外人员工角色内绩效的中介效应模型具有调节作用，假设 H16c 得到进一步验证。

表 5.55　中介变量 OF 在调节变量 PGN 不同水平上的中介效应值

	PGN	Effect	Boot SE	Bootstrap95%CI	
				LLCI	ULCI
	均值−0.629	0.050	0.016	0.018	0.083
OF 的中介效应	均值	0.111	0.016	0.082	0.144
	均值+0.629	0.173	0.023	0.130	0.220

情感型差序式领导通过外群体偏爱对外人员工角色外绩效影响的有调节的中介效应模型的检验结果如表 5.56、表 5.57 所示。首先采用 Model1 对主效应的调节效应进行检验，从表 5.56 中的模型 1 可以看出，调节变量个人成长需求对情感型差序式领导与外人员工的角色外绩效之间的调节效应不显著（$\beta=0.061$，$p>0.05$），假设 H13d 未得到验证。然后采用 Model58 进行有调节的中介效应检验，从表 5.56 中的模型 2 可以看出，情感性差序式领导与外人员工的外群体偏爱正相

关（$\beta=0.210$，$p<0.001$），并且个人成长需求对情感型差序式领导与外群体偏爱之间关系的调节作用不显著（$\beta=0.065$，$p>0.05$），证明了个人成长需求对中介模型前半段的调节效应不显著，假设 H14b 没有得到验证。因此换用 Model14 进行有调节的中介效应检验，从表5.56 中的模型 3 可以看出，情感型差序式领导与外人员工的角色外绩效正相关（$\beta=0.102$，$p<0.01$），外群体偏爱与角色外绩效正相关（$\beta=0.247$，$p<0.001$），个人成长需求对外群体偏爱与外人员工角色外绩效之间关系的调节作用显著（$\beta=0.247$，$p<0.001$），假设 H15b 得到验证，进而证明个人成长需求对中介模型具有调节效应，假设 H16d 得到验证。对有调节的中介效应进行进一步检验时，在 SPSS PROCESS3.2 采取调节变量均值的基础上加减一个标准差构建高低组，得到不同取值情况下的条件间接效应值，检验结果如表 5.57 所示。可以看出，当外人员工个人成长需求处于均值低一个标准差时，情感型差序式领导通过外群体偏爱影响角色外绩效的间接效应值为0.029（Bootstrap95％置信区间不包含 0）；当外人员工个人成长需求处于均值水平时，工作型差序式领导通过外群体偏爱影响角色内绩效的间接效应值为 0.078（Bootstrap95％置信区间不包含 0）；当外人员工个人成长需求处于均值高一个标准差时，情感型差序式领导通过外群体偏爱影响角色外绩效的间接效应值为 0.127（Bootstrap95％置信区间不包含 0）。同时，有调节的中介效应指数为 0.078（Bootstrap95％置信区间不包含 0）。因此，个人成长需求对情感型差序式领导通过外群体偏爱影响外人员工角色外绩效的中介效应模型具有调节作用，假设 H16d 得到进一步验证。

表 5.56 情感型差序式领导对外人角色外绩效影响的有调节的中介效应检验

变量	IP（模型 1）			PE（模型 2）			IP（模型 3）			Bootstrap95%CI	
	系数	标准差	t	系数	标准差	t	系数	标准差	t	LLCI	ULCI
Constant	3.603	0.028	128.948***	-0.016	0.033	-0.481	3.200	0.113	28.212***	2.977	3.422
ADL	0.152	0.032	4.757***	0.210	0.038	5.498***	0.102	0.030	3.366**	0.042	0.161
PGN	0.278	0.045	6.145***	0.365	0.054	6.748***	0.189	0.043	4.364***	0.104	0.275
ADL * PGN	0.061	0.048	1.275	0.065	0.057	1.136					
OF							0.247	0.029	8.401***	0.190	0.305
OF * PGN							0.247	0.042	5.895***	0.164	0.329
R^2	0.129			0.157			0.236				
F	34.801***			44.094***			54.715***				

注：*** 代表 $p<0.001$，** 代表 $p<0.01$。

表 5.57　中介变量 OF 在调节变量 PGN 不同水平上的中介效应值

	PGN	Effect	Boot SE	Bootstrap95%CI	
				LLCI	ULCI
	均值−0.629	0.029	0.012	0.006	0.055
OF 的中介效应	均值	0.078	0.012	0.056	0.103
	均值+0.629	0.127	0.018	0.094	0.164

5.4　实证结果分析

本章以中国大陆家族企业为研究对象，探究了家族企业工作团队中领导者的差序式领导对员工绩效的影响。实证检验结果表明，本书提出的假设大多通过了检验，具体的检验结果如表 5.58 所示。

表 5.58　检验结果汇总表

假设	内容	检验结果
H1a	工作型差序式领导有利于提高自己人员工的角色内绩效。	通过
H1b	工作型差序式领导有利于提高自己人员工的角色外绩效。	通过
H1c	情感型差序式领导有利于提高自己人员工的角色内绩效。	通过
H1d	情感型差序式领导有利于提高自己人员工的角色外绩效。	通过
H2a	工作型差序式领导有利于提高自己人员工的心理授权。	通过
H2b	情感型差序式领导有利于提高自己人员工的心理授权。	通过
H3a	心理授权对自己人员工的角色内绩效有积极影响。	通过
H3b	心理授权对自己人员工的角色外绩效有积极影响。	通过
H4a	心理授权在工作型差序式领导与自己人员工角色内绩效之间具有中介作用。	通过
H4b	心理授权在工作型差序式领导与自己人员工角色外绩效之间具有中介作用。	通过
H4c	心理授权在情感型差序式领导与自己人员工角色内绩效之间具有中介作用。	通过
H4d	心理授权在情感型差序式领导与自己人员工角色外绩效之间具有中介作用。	通过

假设	内容	检验结果
H5a	个人成长需求对工作型差序式领导与自己人员工角色内绩效的关系具有正向调节作用。	通过
H5b	个人成长需求对工作型差序式领导与自己人员工角色外绩效的关系具有正向调节作用。	未通过
H5c	个人成长需求对情感型差序式领导与自己人员工角色内绩效的关系具有正向调节作用。	通过
H5d	个人成长需求对情感型差序式领导与自己人员工角色外绩效的关系具有正向调节作用。	未通过
H6a	个人成长需求对工作型差序式领导与自己人员工心理授权的关系具有正向调节作用。	通过
H6b	个人成长需求对情感型差序式领导与自己人员工心理授权的关系具有正向调节作用。	通过
H7a	个人成长需求对自己人员工心理授权与角色内绩效的关系具有正向调节作用。	通过
H7b	个人成长需求对自己人员工心理授权与角色外绩效的关系具有正向调节作用。	通过
H8a	个人成长需求正向调节了心理授权对工作型差序式领导与自己人员工角色内绩效之间关系的中介作用强度。	通过
H8b	个人成长需求正向调节了心理授权对工作型差序式领导与自己人员工角色外绩效之间关系的中介作用强度。	通过
H8c	个人成长需求正向调节了心理授权对情感型差序式领导与自己人员工角色内绩效之间关系的中介作用强度。	通过
H8d	个人成长需求正向调节了心理授权对情感型差序式领导与自己人员工角色外绩效之间关系的中介作用强度。	通过
H9a	工作型差序式领导与外人员工的角色内绩效正相关。	通过
H9b	工作型差序式领导与外人员工的角色内绩效正相关。	通过
H9c	情感型差序式领导与外人员工的角色内绩效正相关。	通过
H9d	情感型差序式领导与外人员工的角色内绩效正相关。	通过
H10a	工作型差序式领导会引发外人员工的外群体偏爱。	通过
H10b	情感型差序式领导会引发外人员工的外群体偏爱。	通过
H11a	外群体偏爱与外人员工的角色内绩效正相关。	通过
H11b	外群体偏爱与外人员工的角色外绩效正相关。	通过

续表

假设	内容	检验结果
H12a	外群体偏爱在工作型差序式领导与外人员工角色内绩效之间发挥中介作用。	通过
H12b	外群体偏爱在工作型差序式领导与外人员工角色外绩效之间发挥中介作用。	通过
H12c	外群体偏爱在情感型差序式领导与外人员工角色内绩效之间发挥中介作用。	通过
H12d	外群体偏爱在情感型差序式领导与外人员工角色外绩效之间发挥中介作用。	通过
H13a	个人成长需求对工作型差序式领导与外人员工角色内绩效的关系具有正向调节作用。	通过
H13b	个人成长需求对工作型差序式领导与外人员工角色外绩效的关系具有正向调节作用。	通过
H13c	个人成长需求对情感型差序式领导与外人员工角色内绩效的关系具有正向调节作用。	未通过
H13d	个人成长需求对情感型差序式领导与外人员工角色外绩效的关系具有正向调节作用。	未通过
H14a	个人成长需求对工作型差序式领导与外人员工外群体偏爱的关系具有正向调节作用。	通过
H14b	个人成长需求对情感型差序式领导与外人员工外群体偏爱的关系具有正向调节作用。	未通过
H15a	个人成长需求对外人员工外群体偏爱与角色内绩效的关系具有正向调节作用。	通过
H15b	个人成长需求对外人员工外群体偏爱与角色外绩效的关系具有正向调节作用。	通过
H16a	个人成长需求正向调节了外群体偏爱对工作型差序式领导与外人员工角色内绩效之间关系的中介作用。	通过
H16b	个人成长需求正向调节了外群体偏爱对工作型差序式领导与外人员工角色外绩效之间关系的中介作用。	通过
H16c	个人成长需求正向调节了外群体偏爱对情感型差序式领导与外人员工角色内绩效之间关系的中介作用。	通过
H16d	个人成长需求正向调节了外群体偏爱对情感型差序式领导与外人员工角色外绩效之间关系的中介作用。	通过

从表 5.58 可以看出：

（1）差序式领导与自己人员工绩效的关系。实证结果表明，工作型差序式领导能够提高自己人员工的角色内绩效和角色外绩效，情感型差序式领导能够提高自己人员工的角色内绩效和角色外绩效，证实了假设 H1a、H1b、H1c、H1d，说明差序式领导有利于提高自己人员工的绩效。

（2）差序式领导与自己人员工心理授权的关系。实证结果表明，工作型差序式领导能够提高自己人员工的心理授权水平，情感型差序式领导能够提高自己人员工的心理授权水平，证实了假设 H2a、H2b，说明差序式领导有利于提高自己人员工的心理授权。

（3）心理授权与自己人员工绩效的关系。实证结果表明，心理授权能够提高自己人员工的角色内绩效，心理授权能够提高自己人员工的角色外绩效，证实了假设 H3a、H3b，说明心理授权有利于提高自己人员工的绩效。

（4）心理授权的中介作用。实证结果表明，心理授权在工作型/情感型差序式领导与自己人角色内/角色外绩效之间具有中介作用，假设 H4a、H4b、H4c、H4d 得到证实。这说明无论是工作型差序式领导，还是情感型差序式领导，都可以通过提高自己人员工的心理授权水平进而提高自己人员工的绩效。

（5）个人成长需求的调节作用。实证结果表明，个人成长需求与工作型差序式领导的交乘项对自己人员工的角色内绩效有正向影响，个人成长需求与情感型差序式领导的交乘项对自己人员工的角色内绩效有正向影响，假设 H5a、H5c 得到证实；而个人成长需求与工作型差序式领导的交乘项对自己人员工的角色外绩效的影响不显著，个人成长需求与情感型差序式领导的交乘项对自己人员工的角色外绩效的影响不显著，假设 H5b、H5d 未得到证实。这说明个人成长需求强化了工作型/情感型差序式领导与自己人员工角色内绩效的正向关系，但是个人成长需求并没有调节工作型/情感型差序式领导与自己人员工角色外绩效的关系。究其原因，可能是：工作型差序式领导分配给自己人员工更多的工作资源，情感型差序式领导分配给自己人员工更多的情感资源。高个人成长需求的自己人员工更加渴望从工作中获得个人成长和发展的机会以及自我实现，利用自己获得和掌握的工作资源和情感资源为自己创造更多可以实现个人成长和发展的机会；工作中个人成长与发展的机会进一步提高员工的工作技能和员工的工作效率，从而提升自己人员工角色内绩效。角色外绩效不属于强制要求的员工工作范畴，是一种对组织、领导者和同事的利他行为，受员工对个人成长和发展机会追求的影响可能不大，因此个人成长需求在工作型/情感型差序式领导对自己人角色内绩效的影响中表现更加显著。

工作型差序式领导与个人成长需求的乘积对自己人员工的心理授权有正向影响，情感型差序式领导与个人成长需求的乘积对自己人员工的心理授权有正向影响，这证实了假设 H6a、H6b，说明个人成长需求可以强化工作型/情感型差序式领导与心理授权的关系。心理授权与个人成长需求的乘积对自己人员工的角色内绩效有正向影响，心理授权与个人成长需求的交乘项对自己人员工的角色外绩效有正向影响，这证实了假设 H7a、H7b，说明个人成长需求可以强化心理授权与自己人角色内绩效和角色外绩效的关系。

（6）个人成长需求有调节的中介作用。实证结果表明，个人成长需求对工作型差序式领导通过心理授权影响自己人员工角色内绩效的中介效应模型具有调节作用，个人成长需求对工作型差序式领导通过心理授权影响自己人员工角色外绩效的中介效应模型具有调节作用，个人成长需求对情感型差序式领导通过心理授权影响外人员工角色内绩效的中介效应模型具有调节作用，个人成长需求对情感型差序式领导通过心理授权影响外人员工角色外绩效的中介效应模型具有调节作用，这证实了假设 H8a、H8b、H8c、H8d，说明个人成长需求可以强化心理授权对工作型/情感型差序式领导提高自己人角色内绩效/角色外绩效的关系的中介作用。

（7）差序式领导与外人员工绩效的关系。实证结果表明，工作型差序式领导能够提高外人员工的角色内绩效和角色外绩效，情感型差序式领导能够提高外人员工的角色内绩效和角色外绩效，这证实了假设 H9a、H9b、H9c、H9d，说明差序式领导有利于提高外人员工的绩效。

（8）差序式领导与外人员工外群体偏爱的关系。实证结果表明，工作型差序式领导能够提高外人员工的外群体偏爱水平，情感型差序式领导能够提高外人员工的外群体偏爱水平，这证实了假设 H10a、H10b，说明差序式领导有利于提高外人员工的外群体偏爱。

（9）外群体偏爱与外人员工绩效的关系。实证结果表明，外群体偏爱能够提高外人员工的角色内绩效，外群体偏爱能够提高外人员工的角色外绩效，这证实了假设 H11a、H11b，说明外群体偏爱有利于提高外人员工的绩效。

（10）外群体偏爱的中介作用。实证结果表明，外群体偏爱在工作型/情感型差序式领导与外人员工角色内/角色外绩效之间具有中介作用，这证实了假设 H12a、H12b、H12c、H12d，说明无论是工作型差序式领导还是情感型差序式领导，都可以通过提高外人员工的外群体偏爱水平提高外人员工的绩效。

（11）个人成长需求的调节作用。实证结果表明，个人成长需求与工作型差序式领导的交乘项对外人员工的角色内/角色外绩效有正向影响，这证实了假设 H13a、H13b；而个人成长需求与情感型差序式领导的交乘项对外人员工的角色内/角色外绩效的影响不显著，未证实假设 H13c、H13d。这说明个人成长需求强化了工作型差序式领导与外人员工角色内/角色外绩效的正向关系，但是个人成长需求并没有调节情感型差序式领导与外人员工角色内/角色外绩效关系。工作型差序式领导与个人成长需求的乘积对外人员工的外群体偏爱有正向影响，这证实了假设 H14a；情感型差序式领导与个人成长需求的乘积对外人员工的外群体偏爱的影响不显著，未证实 H14b。这说明个人成长需求强化了工作型差序式领导与外群体偏爱的关系，但没有强化情感型差序式领导与外群体偏爱的关系。究其原因，可能是：① 从外人员工个人角度来说，高个人成长需求的外人员工更加渴望从工作中获得个人成长和发展的机会，工作资源更能满足其对个人成长和发展机会的追求。因此，他们对获得工作型资源的需求非常强烈，也愿意为得到领导者的工作资源而在工作中表现出更好的绩效水平；但是情感型资源对外人员工的晋升、激励以及继续深造的影响有限，对个人在工作中获得成长和发展的机会影响不大，外人员工对获得情感型资源的愿望不强烈。因此，他们也不会为获得领导者的情感资源而采取额外的行动去提高其绩效水平。② 从家族企业治理的角度来说，家族企业治理方式逐渐规范化，在一定程度上弱化了差序式领导带来的人治，而情感型资源受差序式领导者个人喜好的影响比较大，受公司制度治理完善的影响较小；但是随着公司治理的完善，工作资源的分配受公司制度规定的影响变大，因此领导者的情感资源对外人员工来说吸引力变小，工作资源对外人员工来说吸引力就变大。因此，成长需求调节了工作型差序式领导对外人员工外群体偏爱的影响，以及工作型差序式领导对外人员工角色内绩效和角色外绩效的关系，但是并没有调节情感型差序式领导对外人员工外群体偏爱的影响以及其情感型差序式领导对外人员工角色内绩效和角色外绩效的关系。

外群体偏爱与个人成长需求的乘积对外人员工的角色内绩效有正向影响，外群体偏爱与个人成长需求的交乘项对外人员工的角色外绩效有正向影响，这证实了假设 H15a、H15b，说明个人成长需求可以强化外群体偏爱与外人员工角色内绩效和角色外绩效的关系。

（12）个人成长需求的有调节的中介作用。实证结果表明，个人成长需求对工作型差序式领导通过外群体偏爱影响外人员工角色内绩效的中介效应模型具有调节作用，个人成长需求对工作型差序式领导通过外群体偏爱影响外人员工角色外绩效的中介效应模型具有调节作用，个人成长需求对情感型差序式领导通过外群体偏爱影响外人员工角色内绩效的中介效应模型具有调节作用，个人成长需求对情感型差序式领导通过外群体偏爱影响外人员工角色外绩效的中介效应模型具有调节作用，这证实了假设 H16a、H16b、H16c、H16d，说明个人成长需求可以强化外群体偏爱对工作型/情感型差序式领导提高外人员工角色内绩效/角色外绩效的关系的中介作用。

5.5　本章小结

本章对第 3 章提出的两条主线共 16 组假设进行检验。通过正式调研对样本数据进行信度、效度和共同方法变异检验。检验结果显示，自己人员工和外人员工这两个样本数据都具有良好的信度和效度，并且不存在严重的共同方法变异问题。在此基础上，分别用 Amos 和 SPSS 宏对自己人员工样本和外人员工样本的结构方程模型进行路径分析、中介效应检验、调节效应检验，以及有调节的中介效应检验。假设检验结果显示，除了个人成长需求对工作型差序式领导与自己人员工角色外绩效之间的关系、情感型差序式领导与自己人员工角色外绩效之间的关系、情感型差序式领导与外人员工角色内绩效之间的关系、情感型差序式领导与外人员工角色外绩效之间的关系、情感型差序式领导与外人员工外群体偏爱的关系的调节作用不显著外，其他假设均通过检验。

第6章 外人员工的地位流动及其对员工绩效的影响

前文通过相关数据研究已经证明了差序式领导不仅可以提高自己人员工的绩效，同时也能提高外人员工的绩效。虽然从纵向追踪研究中可以看到较完整的发展过程和其中一些关键转折点，但由于研究起步较晚、成本较高、难度较大、时效性不太强，并且可能发生被试流失的情况，因此本书未对领导者和员工开展不同时点的纵向追踪研究。在现实生活中，由于差序式领导将员工分为"自己人"和"外人"，诱发了外人员工的外群体偏爱，同时由于自己人员工和外人员工的群际边界一定程度上具有可渗透性，因此自己人员工固然不想变成外人员工，但外人员工一定不会放弃变成领导者"自己人"的机会，会努力采取向上流动的策略以实现其地位流动，亦即：其稳态是一个动态的、相对的过程。有鉴于此，本章将在前述实证研究的基础上展开思考：外人员工努力采取向上流动的策略以期实现其地位流动，在工作表现及人际促进等方面表现出积极向上的态度。如果能同时得到领导者和其他员工尤其是自己人员工的充分认可，其行为是否不仅不会因产生矛盾龃龉而降低员工绩效，还可能会在现有员工绩效的基础上实现员工整体绩效的进一步提升？因此，本章拟采用博弈的方法，研究在差序式领导下，外人员工的地位流动对自己人员工和外人员工绩效乃至员工整体绩效的影响。本书认为，外人员工的地位流动需要长期的积累和沉淀，以不断接近并超越领导者分类标准的阈值，这不是一蹴而就的，而是一个长期且艰辛的过程。本章通过博弈论知识，探讨外人员工地位流动及其对员工绩效的影响，在一定程度上可以弥补实证研究未考虑纵向追踪研究的不足，证明差序式领导对员工绩效的长期影响。差序式领导作为组织（团队）的代表者，是组织（团队）决策和战略的制定者，领导者的自己人员工在团队中充当着"同事领导者"的角色，形成自己人员工对外人员工的事实领导关系。因此，外人员工的地位流动需要领导者、自己人员工和外人员工三方共同参与、动态博弈。

6.1　模型假设

假设外人员工地位流动的参与主体为领导者、自己人员工和外人员工，并且领导者划分的自己人员工和外人员工与员工感知到的自己是"自己人"还是"外人"是完全一致的。领导者的策略选择空间为 $St_1 = $ ｛鼓励外人员工地位流动 D_1，不鼓励外人员工地位流动 D_2｝；自己人员工的策略选择空间为 $St_2 = $ ｛接受外人员工地位流动 E_1，不接受外人员工地位流动 E_2｝；外人员工的策略选择空间为 $St_3 = $ ｛积极参与地位流动 F_1，消极参与地位流动 F_2｝。假设博弈三方都是理性经济人，在信息不完全对称的情况下，他们各自在外人员工地位流动过程中追求自身利益最大化。但是这三大主体的利益诉求并不一致，其中：领导者致力于团队成员之间的分工合作，实现团队绩效的最大化，从而带来领导效率和领导者个人收益的提高；自己人员工的利益主要体现为自身绩效水平和收益的提升，以及保持领导者"自己人"的地位；外人员工的利益主要体现为自身绩效水平和收益的提升，以及实现其地位的流动。尽管完全信息在很多情况下是一个很好的近似，但是现实中很多博弈并不能完全满足完全信息的要求，也就是说，领导者、自己人员工和外人员工虽然长期共事，但是很难对彼此的信息有完全的了解。因此，假设博弈三方的行动是有先后顺序的，后行动者能观测到先行动者的行动，并且根据先行动者的行动来推测概率分布，建立一个三方不完全信息的动态博弈模型。

基于以上假设，设定模型所需相关变量参数及具体含义如下。

（1）领导者

V_1 表示领导者鼓励外人员工地位流动时，外人员工不参与地位流动、正常表现给团队绩效带来的贡献，设团队绩效转化成领导者个人收益的转化率为 η，因此领导者得到的收益为 ηV_1；V_2 表示领导者不鼓励外人员工地位流动时，外人员工不参与地位流动、正常表现给团队绩效带来的贡献，因此领导者得到的收益为 ηV_2。$V_1 = V_2 = V$。

π_1 表示领导者鼓励外人员工地位流动，外人员工积极参与地位流动带来的团队绩效提升，则团队绩效的提升转化成领导者的额外收益为 $\eta \pi_1$；π_2 表示领导者不鼓励外人员工地位流动时，外人员工仍积极参与地位流动带来的团队绩效提升，则团队绩效的提升转化成领导者的额外收益为 $\eta \pi_2$。其中 $\pi_1 > \pi_2$。

G 表示领导者为了鼓励自己人员工支持和配合其鼓励外人员工地位流动的政策，额外支付给自己人员工的补贴或安抚成本。这些补贴和安抚成本在一定程度上也是对自己人员工进行授权，从而提高了自己人员工的心理授权程度。

（2）自己人员工

S_1 为自己人员工接受外人员工地位流动，外人员工不参与地位流动，自己人员工获得的正常收益；S_2 为自己人员工不接受外人员工地位流动，外人员工不参与地位流动，自己人员工获得的正常收益。$S_1 = S_2 = S$。

A_1 为自己人员工接受外人员工地位流动，与外人员工展开合作并分享自己掌握的资源，外人员工积极参与地位流动，并向自己人员工示好、与之合作，给自己人员工带来绩效水平的进一步提升；设自己人员工绩效水平转化成自己人员工个人收益的转化率为 θ，因此自己人员工得到的额外收益为 θA_1；A_2 为自己人员工不接受外人员工地位流动，外人员工仍积极参与地位流动，并主动向自己人员工示好，给自己人员工带来绩效水平的额外提升，因此自己人员工得到的额外收益为 θA_2。$A_1 > A_2$。

B 为自己人员工接受外人员工地位流动并与之合作需要承担的潜在成本，例如将自己拥有的资源分享给外人员工、与外人员工合作需要花费的精力和时间、自己的地位受到威胁等。

（3）外人员工

R 为外人员工不参与地位流动获得的正常收益。

C_i 为外人员工积极参与地位流动愿意投入的成本和努力，$C_1 = \lambda C_0$，$C_2 = \lambda D_0$，其中，λ 为外人员工的外群体偏爱程度，$\lambda \in (0, 1)$。也就是说，外人员工的外群体偏爱程度越高，外人员工愿意为实现其地位流动付出的成本就越大；C_0 为在自己人员工接受外人员工地位流动时，外人员工愿意为地位流动投入的最大成本；D_0 为在自己人员工不接受外人员工地位流动时，外人员工为地位流动愿意投入的最大成本。$C_0 \leqslant D_0$。

Q_1 为自己人员工接受外人地位流动，外人员工积极参与地位流动，愿意付出更多的精力和时间从而获得绩效水平的额外提升，设额外提高的绩效转化成外人员工个人收益的转化率为 ζ，则外人员工得到的额外收益为 ζQ_1，又因为大量实证研究证明工作投入与员工绩效正相关，所以外人员工绩效与其投入的成本正相关，$Q_1 = f(C_1) = f(\lambda C_0)$；$Q_2$ 为自己人员工不接受外人员工地位流动，外人员工仍积极参与地位流动，在工作中投入更多的精力和时间从而获得绩效水平的额外提升，因此外人员工得到的额外收益为 ζQ_2；Q_0 为不考虑自己人员工态度外人员工正常参与地位流动获得的绩效水平。$Q_1 > Q_2$，$Q_1 = Q_2 + Q_0$，$Q_2 = f(C_2) = f(\lambda D_0)$。

6.2 模型建立

根据以上假设，采取不完全信息动态博弈对外人员工地位流动过程中各利益相关者的博弈过程进行分析，涉及领导者、外人员工和自己人员工三方。博弈树如图 6.1 所示。

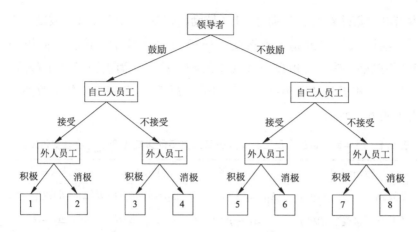

图 6.1 领导者、外人员工和自己人员工三方博弈策略博弈树

具体的博弈扩展式表述包括如下要素。

（1）参与人集合：领导者、外人员工、自己人员工。

（2）参与人的行动顺序：假设参与人的行动顺序为领导者、自己人员工、外人员工。领导者是外人员工地位流动政策的顶层设计者，根据团队绩效需要决定是否鼓励外人员工的地位流动；自己人员工作为外人员工的同事领导者，结合领导者的决策决定是否接受外人的地位流动；外人员工根据对自己人员工行为的观察和理解，选择是否积极参与地位流动。

（3）参与人的行动空间：领导者鼓励外人员工地位流动（简称"鼓励"）和不鼓励外人员工地位流动（简称"不鼓励"）；自己人员工为接受外人员工的地位流动（简称"接受"）和不接受外人员工的地位流动（简称"不接受"）；外人员工积极参与地位流动（简称"积极"）和消极参与地位流动（简称"消极"）。

（4）参与人的信息集：假设在初始状态下，领导者选择鼓励策略的概率为 x，选择不鼓励策略的概率为 $1-x$；自己人员工选择接受策略的概率为 y，选择不接受策略的概率为 $1-y$；外人员工选择积极策略的概率为 z，选择消极策略的概率为 $1-z$。其中，$0 \leqslant x \leqslant 1$，$0 \leqslant y \leqslant 1$，$0 \leqslant z \leqslant 1$。

综上所述，领导者、自己人员工和外人员工三类利益相关者之间共有 8 种策略组合，分别是：1（鼓励、接受、积极）；2（鼓励、接受、消极）；3（鼓励、不接受、积极）；4（鼓励、接受、消极）；5（不鼓励、接受、积极）；6（不鼓励、接受、消极）；7（不鼓励、不接受、积极）；8（不鼓励、不接受、消极）。各博弈主体的收益情况如表 6.1 所示。

表 6.1　领导者、自己人员工和外人员工三方不同策略组合下的收益支付矩阵

策略组合	领导者	自己人员工	外人员工
（鼓励、接受、积极）	$\Delta_{11}=\eta(V+\pi_1)-G$	$\Delta_{12}=S+\theta A_1+G-B$	$\Delta_{13}=R+\zeta Q_1-\lambda C_0$
（鼓励、接受、消极）	$\Delta_{21}=\eta V-G$	$\Delta_{22}=S+G$	$\Delta_{23}=R$
（鼓励、不接受、积极）	$\Delta_{31}=\eta(V+\pi_1)$	$\Delta_{32}=S+\theta A_2$	$\Delta_{33}=R+\zeta Q_2-\lambda D_0$
（鼓励、不接受、消极）	$\Delta_{41}=\eta V$	$\Delta_{42}=S$	$\Delta_{43}=R$
（不鼓励、接受、积极）	$\Delta_{51}=\eta(V+\pi_2)$	$\Delta_{52}=S+\theta A_1-B$	$\Delta_{53}=R+\zeta Q_1-\lambda C_0$
（不鼓励、接受、消极）	$\Delta_{61}=\eta V$	$\Delta_{62}=S$	$\Delta_{63}=R$
（不鼓励、不接受、积极）	$\Delta_{71}=\eta(V+\pi_2)$	$\Delta_{72}=S+\theta A_2$	$\Delta_{73}=R+\zeta Q_2-\lambda D_0$
（不鼓励、不接受、消极）	$\Delta_{81}=\eta V$	$\Delta_{82}=S$	$\Delta_{83}=R$

6.3　博弈分析

6.3.1　收益函数的构造及求解

根据上述博弈分析，我们能够得到领导者、自己人员工和外人员工三大博弈主体各自收益函数的总和。

（1）领导者的期望收益为

$$\Sigma_L = xyz\Delta_{11}+xy(1-z)\Delta_{21}+x(1-y)z\Delta_{31}+x(1-y)(1-z)\Delta_{41}+$$
$$(1-x)yz\Delta_{51}+(1-x)y(1-z)\Delta_{61}+(1-x)(1-y)z\Delta_{71}+$$
$$(1-x)(1-y)(1-z)\Delta_{81} \tag{6.1}$$

（2）自己人员工的期望收益为

$$\Sigma_Z = xyz\Delta_{12}+xy(1-z)\Delta_{22}+x(1-y)z\Delta_{32}+x(1-y)(1-z)\Delta_{42}+$$
$$(1-x)yz\Delta_{52}+(1-x)y(1-z)\Delta_{62}+(1-x)(1-y)z\Delta_{72}+$$

$$(1-x)(1-y)(1-z)\Delta_{82} \qquad\qquad (6.2)$$

（3）外人员工的期望收益为

$$\begin{aligned}
\Sigma_W ={} & xyz\Delta_{13}+xy(1-z)\Delta_{23}+x(1-y)z\Delta_{33}+x(1-y)(1-z)\Delta_{43}+\\
& (1-x)yz\Delta_{53}+(1-x)y(1-z)\Delta_{63}+(1-x)(1-y)z\Delta_{73}+\\
& (1-x)(1-y)(1-z)\Delta_{83} \qquad\qquad (6.3)
\end{aligned}$$

根据谢识予及蒋云霞的研究建议，由于动态博弈是有顺序的，因此逆向归纳法是求解动态博弈模型均衡解的基本分析方法。根据前文假设，动态博弈的顺序是领导者、自己人员工、外人员工。因此，首先求解外人员工的最大期望收益值，然后将其代入自己人员工的期望收益求出自己人员工的最大期望收益值，最后求出领导者的最大期望收益值。

（1）外人员工的最大期望收益值

为了求出外人员工的最大期望收益均衡解，令式（6.3）中 Σ_W 的一阶导数等于 0，得

$$\begin{aligned}
\frac{\mathrm{d}\Sigma_W}{\mathrm{d}z} ={} & xy\Delta_{13}-xy\Delta_{23}+x(1-y)\Delta_{33}-x(1-y)\Delta_{43}+(1-x)y\Delta_{53}-\\
& (1-x)y\Delta_{63}+(1-x)(1-y)\Delta_{73}-(1-x)(1-y)\Delta_{83}\\
={} & xy(\Delta_{13}-\Delta_{23})+x(1-y)(\Delta_{33}-\Delta_{43})+(1-x)y(\Delta_{53}-\Delta_{63})+\\
& (1-x)(1-y)(\Delta_{73}-\Delta_{83})=0 \qquad\qquad (6.4)
\end{aligned}$$

自己人员工在其期望收益最大的情况下接受外人员工地位流动策略的概率为

$$y=\frac{\lambda D_0-\zeta(Q_1-Q_0)}{\lambda(D_0-C_0)+\zeta Q_0} \qquad\qquad (6.5)$$

（2）自己人员工的最大期望收益值

为了求出自己人员工的最大期望收益均衡解，令式（6.2）中 Σ_Z 的一阶导数等于 0，得

$$\begin{aligned}
\frac{\mathrm{d}\Sigma_Z}{\mathrm{d}y} ={} & xz\Delta_{12}+x(1-z)\Delta_{22}-xz\Delta_{32}-x(1-z)\Delta_{42}+(1-x)z\Delta_{52}+\\
& (1-x)(1-z)\Delta_{62}-(1-x)z\Delta_{72}-(1-x)(1-z)\Delta_{82}\\
={} & xz(\Delta_{12}-\Delta_{32})+x(1-z)(\Delta_{22}-\Delta_{42})+(1-x)z(\Delta_{52}-\Delta_{72})+
\end{aligned}$$

$$(1-x)(1-z)(\Delta_{62}-\Delta_{82})=0 \qquad (6.6)$$

领导者在其期望收益最大的情况下采取鼓励外人员工地位流动的概率为

$$x=\frac{[B-\theta(A_1-A_2)]z}{G} \qquad (6.7)$$

（3）领导者的最大期望收益值

为了求出自己人员工的最大期望收益均衡解，令式（6.1）中 Σ_L 的一阶导数等于 0，得

$$\begin{aligned}
\frac{\mathrm{d}\Sigma_L}{\mathrm{d}x} &= yz\Delta_{11}+y(1-z)\Delta_{21}+(1-y)z\Delta_{31}+(1-y)(1-z)\Delta_{41}-yz\Delta_{51}- \\
&\quad y(1-z)\Delta_{61}-(1-y)z\Delta_{71}-(1-z)(1-y)\Delta_{81} \\
&= yz(\Delta_{11}-\Delta_{51})+y(1-z)(\Delta_{21}-\Delta_{61})+(1-y)z(\Delta_{31}-\Delta_{71})+ \\
&\quad (1-y)(1-z)(\Delta_{41}-\Delta_{81})=0 \qquad (6.8)
\end{aligned}$$

外人员工在其期望收益最大的情况下积极努力参与地位流动的概率为

$$z=\frac{Gy}{\eta(\pi_1-\pi_2)} \qquad (6.9)$$

将式（6.5）代入式（6.9）可得外人员工在收益最大化的条件下积极努力参与地位流动的概率为

$$z=\frac{G[\lambda D_0-\zeta(Q_1-Q_0)]}{\eta(\pi_1-\pi_2)[\lambda(D_0-C_0)+\zeta Q_0]} \qquad (6.10)$$

将式（6.10）代入式（6.7）可得领导者在收益最大化的条件下采取鼓励外人员工地位流动的概率为

$$x=\frac{[B-\theta(A_1-A_2)][\lambda D_0-\zeta(Q_1-Q_0)]}{\eta(\pi_1-\pi_2)[\lambda(D_0-C_0)+\zeta Q_0]} \qquad (6.11)$$

综合式（6.5）、式（6.10）、式（6.11）可知，领导者、自己人员工和外人员工三方动态博弈的均衡解为

$$\begin{aligned}
(x^*,y^*,z^*)=\bigg(&\frac{[B-\theta(A_1-A_2)][\lambda D_0-\zeta(Q_1-Q_0)]}{\eta(\pi_1-\pi_2)[\lambda(D_0-C_0)+\zeta Q_0]},\frac{\lambda D_0-\zeta(Q_1-Q_0)}{\lambda(D_0-C_0)+\zeta Q_0}, \\
&\frac{G[\lambda D_0-\zeta(Q_1-Q_0)]}{\eta(\pi_1-\pi_2)[\lambda(D_0-C_0)+\zeta Q_0]}\bigg) \qquad (6.12)
\end{aligned}$$

6.3.2 博弈均衡解分析

6.3.2.1 外人员工的均衡解分析

在三方动态博弈均衡的情况下，外人员工积极参与地位流动的概率为

$$z^* = \frac{G[\lambda D_0 - \zeta(Q_1 - Q_0)]}{\eta(\pi_1 - \pi_2)[\lambda(D_0 - C_0) + \zeta Q_0]} \quad (6.13)$$

首先，要保证 $z^* = \dfrac{G[\lambda D_0 - \zeta(Q_1 - Q_0)]}{\eta(\pi_1 - \pi_2)[\lambda(D_0 - C_0) + \zeta Q_0]} > 0$。因为 $\pi_1 > \pi_2$，$\lambda(D_0 - C_0) + \zeta Q_0 > 0$，所以必须 $\lambda D_0 - \zeta(Q_1 - Q_0) > 0$，从而 $\lambda D_0 > \zeta(Q_1 - Q_0)$，$\lambda D_0 > \zeta Q_2$。这表明，在自己人不接受外人员工地位流动的情况下，外人员工为实现地位流动付出的成本 λD_0 大于其获得的收益 ζQ_2。收益是由外人员工为实现地位流动付出的成本所提升的绩效水平转化而来的，而且那些外群体偏爱程度高的外人员工为了实现地位流动愿意付出更多的成本。这表明在自己人员工不接受外人员工地位流动时，虽然外人员工积极参与地位流动付出了很多成本和努力，但是这些成本和努力转化成外人员工个人的额外收益却很少，这进一步证明了在差序式领导下，外人员工的地位流动需要自己人员工的接受和配合。

由式（6.13）可知，外人员工积极参与地位流动的概率 z 与 G 成正比，这表明随着 G 的增加，z 也逐渐增大。这就意味着领导者为了鼓励自己人员工支持和配合其鼓励外人员工地位流动的策略，给予自己人员工的补贴和安抚成本越多，外人员工积极参与地位流动的概率就越大。这是因为：在高度人治主义的氛围下，差序式领导者是组织（团队）资源的控制者和分配者，自己人员工在组织（团队）中担当着"同事领导者"的角色，其本身就有着支持和执行领导者决策的职责。若领导者给予自己人员工的补贴和安抚成本增大，提高自己人员工的授权程度，从而减少自己人员工的担心，则自己人员工会更加积极响应领导者的政策，接受外人员工的地位流动并与之合作，从而减少外人员工为实现地位流动付出的成本和遇到的阻碍，使外人员工更加愿意投入实现其地位流动的长期过程中。

求解 z 对 λ 的一阶导数，可得 $\dfrac{\partial z}{\partial \lambda} = \dfrac{\zeta G[D_0 Q_1 - C_0(Q_1 - Q_0)]}{\eta(\pi_1 - \pi_2)(-\lambda C_0 + \lambda D_0 + \zeta Q_0)^2} >$

0。因此，外人员工积极参与地位流动的概率 z 是关于 λ 的单调递增函数，即随着外人员工的外群体偏爱程度的增加，外人员工积极参与地位流动的概率会逐渐增大。这与现实情况完全吻合，个人的意愿态度决定个人的行为，只有对自己人员工群体的外群体越偏爱程度越大，外人员工才更有动力参与到其地位流动的实践中。

进一步地，求解 z 对 C_0 的一阶导数，可得 $\dfrac{\partial z}{\partial C_0} =$

$\dfrac{\lambda G[\lambda D_0 - \zeta(Q_1 - Q_0)]}{\eta(\pi_1 - \pi_2)(-\lambda C_0 + \lambda D_0 + \zeta Q_0)^2} > 0$。因此，外人员工积极参与地位流动的概率 z 是关于 C_0 的单调递增函数。这表明，当自己人员工接受外人员工地位流动时，外人员工愿意为地位流动投入的成本越大，外人员工参与地位流动的概率也越大。这是因为：自己人员工接受外人员工的地位流动，在一定程度上减少了外人员工地位流动过程中遇到的阻碍，增加了外人员工参与地位流动的积极性。但是，外人员工地位流动的实现不是一蹴而就的，需要花费大量的时间和长期的投入，因此外人员工主观上愿意为地位流动付出的成本和努力越高，其参与地位流动的可能性就越大。由于员工绩效水平与工作投入正相关，因此外人员工为实现地位流动愿意投入更多的成本和努力才能将其转化成更高水平的员工绩效。

6.3.2.2 自己人员工的均衡解分析

在三方动态博弈均衡的情况下，自己人员工接受外人员工地位流动的概率为

$$y^* = \frac{\lambda D_0 - \zeta(Q_1 - Q_0)}{\lambda(D_0 - C_0) + \zeta Q_0} \tag{6.14}$$

求解 y 对 λ 的一阶导数，可得 $\dfrac{\partial y}{\partial \lambda} = \dfrac{\zeta[D_0 Q_0 + (Q_1 - Q_0)(D_0 - C_0)]}{(-\lambda C_0 + \lambda D_0 + \zeta Q_0)^2} >$

0。这表明自己人员工接受外人员工地位流动的概率 y 与外人员工对自己人员工群体的外群体偏爱程度也成正比。反映在现实生活中，外

人员工对自己人员工群体的外群体偏爱程度越大，想成为自己人员工的愿望越强烈，从而自己人员工接受外人员工地位流动的可能性就越大。这体现了外人员工既是"同事领导者"政策的实施主体，同时反过来也会影响"同事领导者"的决策。

　　进一步地，求解 y 对 C_0 的一阶导数，可得 $\dfrac{\partial y}{\partial C_0} =$

$\dfrac{\lambda[\lambda D_0 - \zeta(Q_1 - Q_0)]}{(-\lambda C_0 + \lambda D_0 + \zeta Q_0)^2} > 0$。可以看出，外人员工积极参与地位流动的概率 y 是 C 关于 $_0$ 的单调递增函数，表明当自己人员工接受外人员工地位流动时，外人员工愿意为其地位流动投入的成本越大，自己人员工接受外人员工地位流动的概率也越大。这是因为：自己人员工接受外人员工地位流动，外人员工愿意为了实现其地位流动付出更多的成本和努力，不仅会提高自己的绩效水平，而且会表现出更多的利组织、利团队、利领导、利同事尤其是利自己人员工的角色外行为。外人员工不仅会努力完成自己的工作，而且还会向自己人员工示好，主动帮助自己人员工解决工作中的困难，提高自己人员工的绩效。由于外人员工地位流动的实现是一个长期过程，因此外人员工对自己人员工示好并展现利同事的角色外行为会持续发生，由此带来自己人员工绩效的提升和自己人员工接受外人员工地位流动可能性的增加。

6.3.2.3　领导者的均衡解分析

　　在三方动态博弈均衡的情况下，领导者鼓励外人员工地位流动的概率为

$$x^* = \frac{[B - \theta(A_1 - A_2)][\lambda D_0 - \zeta(Q_1 - Q_0)]}{\eta(\pi_1 - \pi_2)[\lambda(D_0 - C_0) + \zeta Q_0]} \tag{6.15}$$

同理，要保证 $x^* = \dfrac{[B - \theta(A_1 - A_2)][\lambda D_0 - \zeta(Q_1 - Q_0)]}{\eta(\pi_1 - \pi_2)[\lambda(D_0 - C_0) + \zeta Q_0]} > 0$，必须 $B - \theta(A_1 - A_2) > 0, B > \theta(A_1 - A_2)$。这意味着对自己人员工来说，选择接受外人员工地位流动并与外人员工合作虽然会给自己人员工带来绩效水平的提升，但是这些提升的绩效水平转化成的净收益不足以弥补其为了接受外人地位流动需要承担的成本和威胁。此外，x 与 B 正相关，也

就是说，自己人员工接受外人员工地位流动需要承担的成本和地位威胁越大，就越需要领导者鼓励外人地位流动的政策支持。这是因为：当领导者提出鼓励外人员工地位流动的政策时，自己人员工会因担心自己的地位受到外人员工地位流动的威胁而不愿意接受外人员工的地位流动。在这种情况下，就特别需要领导者明确表明其鼓励并支持外人员工地位流动，从而让自己人员工明确领导者的意图和决策倾向。领导者为了鼓励外人员工参与地位流动，除了需要向自己人员工施压表明其鼓励外人员工地位流动的决心，同时也需要给予自己人员工一定的补贴和安抚，以减少自己人员工的顾虑和担心。领导者鼓励外人员工的地位流动给自己人员工带来一定的危机感和紧迫感，使得自己人员工在外人员工地位流动的长期过程中保持一定的警惕感，从而长期保持并提高自己人员工的绩效水平。

由式（6.15）可知，领导者鼓励外人员工地位流动的概率 x 与 A_1 成反比，表明当自己人员工接受外人员工地位流动并与之合作，且绩效水平得到较大提升时，领导者鼓励外人员工地位流动的程度就不需要太强，这是因为：当自己人员工接受外人员工的地位流动时，若其绩效水平提升、收益增加，则领导者实施政策的阻力就变小，从而不需要刻意强调自己的意图。外人员工的地位流动是一个长期过程，自己人员工接受外人员工地位流动并与之合作给自己带来的绩效水平的提升也具有长期性。因此，外人员工地位的流动不仅给自己人员工带来更多的额外收益，而且通过长期提升自己人员工的绩效水平，加强了自己人员工的地位，减少了自己人员工对其地位受到威胁的担心。

求解 x 对 λ 的一阶导数，可得 $\dfrac{\partial x}{\partial \lambda} = \dfrac{\zeta[B_1 - \theta(A_1 - A_2)][Q_0 D_0 + (Q_1 - Q_0)(D_0 - C_0)]}{\eta(\pi_1 - \pi_2)(-\lambda C_0 + \lambda D_0 + \zeta Q_0)^2} > 0$。这表明领导者鼓励外人员工的地位流动的概率 x 与外人员工的外群体偏爱程度 λ 也成正比。反映在现实生活中，如果外人员工自身都没有外群体偏爱的想法和动机，领导者更不会为其提供地位流动的机会。外人员工对自己人员工群体的外群体偏爱程度越大，就越有动机想成为领导的"自己人"。领导者越能感知到外人员工有想成为其自己人的强烈愿望，他鼓励外人员工地位流动的可能性就越大。

6.4　模型结论

前几章实证研究部分已经证明了差序式领导分别通过心理授权、外群体偏爱对自己人员工以及外人员工的绩效产生了正向的影响，同时自己人员工固然不想变成外人员工，但外人员工一定不会放弃变成领导者"自己人"的机会，会努力采取向上流动的策略以实现其地位流动。本章进一步验证了外人员工在地位流动过程中如果能够得到领导者和自己人员工的支持，那么在工作表现、利同事行为、利领导行为等方面会表现得更加积极。其行为不但不会降低员工绩效，反而可能在现有员工绩效的基础上，实现员工整体绩效的进一步提升。此外，本章借助动态博弈的方法研究了外人员工的地位流动对自己人员工和外人员工绩效产生的影响，并得出以下结论。

（1）外人员工为地位流动付出的努力和投入以及与自己人员工之间的合作和互动，带给自己人员工和外人员工绩效的进一步提升

外人员工的地位流动，不仅要靠外人员工自身的付出和努力、领导者的鼓励，而且需要自己人员工的充分认可。具体而言，对于外人员工来说，得到自己人员工的支持和认可，可以减少其地位流动过程中的阻碍，提高外人员工参与地位流动的积极性。外人员工愿意为其地位流动额外付出的成本和努力能够使外人员工绩效提升 Q_1，进而提高外人员工的额外收益。对于自己人员工来说，一方面，外人员工的地位流动给自己人员工带来一定的危机感和紧迫感，使得自己人员工在外人地位流动的长期过程中保持一定的警惕感，从而在长时间的警惕期内保持或提高其绩效水平；另一方面，自己人员工可以通过与外人员工合作，取长补短，同时外人员工为了减少其地位流动过程中的阻碍，也会主动帮助自己人员工解决工作中的困难，展现更多的利自己人员工的角色外行为，从而带来自己人员工绩效的提升 A_1，进一步稳固自己人员工的地位。因此，外人员工在地位流动过程中，如果能

得到自己人员工的充分接受和认可，其绩效不仅不会降低，而且还会在现有员工绩效的基础上有进一步的提升。

（2）差序式领导下外人员工的地位流动需要领导者、自己人员工和外人员工三方协同合作

通过对领导者、自己人员工和外人员工三方动态博弈均衡解的分析可知，为了达到均衡状态，领导者、自己人员工和外人员工需要协同合作。外人员工地位流动的实现不仅需要领导者政策的支持和鼓励，而且需要自己人员工的接受和认可，同时也需要外人员工自己的努力和付出。领导者作为决策的制定者和引导者，同时也需要自己人员工的配合，因此需要对自己人员工进行充分的心理授权；自己人员工在团队中充当"同事领导者"，需要配合和支持领导者的决策，其配合程度直接影响外人员工地位流动的最终效果；外人员工既是实现地位流动的主体也是领导者决策实施的对象，既受领导者和自己人员工的影响，又反过来对领导者和自己人员工的决策产生影响。最重要的是，外人员工的地位流动过程需要三方的协同配合才得以发生，从而带来自己人员工和外人员工绩效的相互促进和进一步提升。

（3）外人员工的地位流动受到领导者对自己人员工的授权、外人员工的外群体偏爱等因素的影响

前述实证研究验证了差序式领导分别通过心理授权、外群体偏爱对自己人员工以及外人员工绩效产生了正向的影响，在本章的研究中，同样发现外人员工的地位流动受到领导者对自己人员工的授权、外人员工的外群体偏爱等因素的影响。对于领导者而言，鼓励外人员工地位流动主要受自己人员工接受外人员工地位流动需要承担的潜在成本和威胁 B、自己人员工接受外人员工地位流动并与之合作获得的净收益 $\theta(A_1-A_2)$，以及外人员工的外群体偏爱程度 λ 的影响。对于自己人来说，接受外人员工地位流动主要受外人员工的外群体偏爱程度 λ 以及外人员工愿意为实现其地位流动而付出的最大成本 C_0 的影响。对于外人员工来说，积极参与地位流动受以下 3 个因素影响：领导者为了让自己人员工支持和配合其鼓励外人员工地位流动的策略给

予自己人员工的安抚和补贴、进而对自己人员工的授权 G；外人员工愿意为了实现地位流动而付出的最大成本 C_0；外人员工的外群体偏爱程度 λ。由此可以看出，差序式领导下外人员工的外群体偏爱程度越高、外人员工愿意为实现其地位流动付出的成本越多，以及领导者为了让自己人员工接受外人地位流动给予自己人员工的授权越高，越有利于外人员工的地位流动。亦即：外人员工的地位流动会受到领导者对自己人员工的授权、外人员工的外群体偏爱等因素的影响。员工工作投入与员工绩效正相关，外人员工为实现地位流动所付出的成本和努力所带来外人员工绩效的额外提升 $Q_1=f(C_1)=f(\lambda C_0)$；当自己人员工接受外人员工地位流动时，外人员工会积极参与地位流动并与自己人员工互相合作，向自己人员工展现更多的利同事行为，从而带来自己人员工绩效的额外提升 A_1。因此，外人员工的地位流动可以在自己人员工和外人员工现有绩效基础上进一步提升自己人员工和外人员工的绩效，从而实现员工绩效的整体提升。

综上，差序式领导者应该保持自己人和外人员工分类的动态性，尤其是鼓励外人员工地位流动，让外人员工有足够的动力参与到其地位流动的长期过程中。这一方面对外人员工起到一定的激励作用，另一方面也给自己人员工带来一定的危机感和紧迫感。最重要的是，在这个过程中，自己人员工和外人员工相互促进，员工整体绩效得以提升。

6.5　本章小结

本章在实证研究的基础上，鉴于自己人员工和外人员工的群际边界在一定程度上具有可渗透性，采用动态博弈的方法进行研究。结果发现，外人员工的地位流动不仅不会降低员工绩效，反而会在现有员工绩效的基础上，因外人员工为之付出的努力和投入以及与自己人员工之间的合作和互动而实现员工整体绩效的进一步提升。对领导者、自己人员工和外人员工三方的均衡解进行分析发现：外人员工为地位流动付出的努力和投入以及与自己人员工之间的合作和互动，带来自己人员工和外人员工绩效的进一步提升；差序式领导下外人员工的地位流动需要领导者、自己人员工和外人员工三方协同合作；外人员工的地位流动受到领导者对自己人员工的授权、外人员工的外群体偏爱等因素的影响。本章的研究一定程度上可为后续开展纵向追踪实证研究提供思路。

第7章 结论、建议与展望

7.1 结论

领导者作为组织中重要的情境因素，对员工的态度和行为有着重要影响。但是，文化情境、社会结构以及组织文化情境的不同，导致不同地区、不同组织的领导方式也有所不同。因此，研究基于华人特殊文化情境和社会结构的差序式领导方式以及差序式领导对员工绩效的影响，具有重要的理论价值和现实指导意义。

本书首先基于资源理论、社会交换理论、社会融入理论、外群体偏爱理论以及自我决定理论等，验证了中国大陆家族企业中差序式领导可以分成工作型差序式领导和情感型差序式领导，进一步构建了差序式领导对员工绩效影响的理论框架。考虑到差序式领导会对员工进行"自己人"和"外人"的归类，基于员工异质性，进一步深入探讨了差序式领导对"自己人"和"外人"员工绩效影响的不同中介作用机制；结合员工的个人特质，研究了个人成长需求对差序式领导影响员工绩效中介作用机制模型的调节效应，从而建立了的理论和概念框架。其次，确定研究变量合适的测量方法。对于有成熟测量工具的，加以借鉴并修正；对于没有成熟测量工具的，根据需要、结合相关理论以及遵循问卷开发的科学程序加以开发。再其次，编制适合主题和对象需要的调查问卷，采用领导与员工配对的方式收集数据，并在长三角地区家族企业现场发放并回收问卷，获得有效问卷一共 1321 份，其中属于"自己人"被试的有效调查问卷 609 份，属于"外人"被试的有效调查问卷 712 份。然后对问卷进行信度、效度分析以及共同方法变异问题的检验，对结构方程模型进行拟合优度检验、路径分析、中介效应检验以及有调节的中介模型检验，对提出的假设进行检验。最后，在实证研究的基础上，运用博弈研究的方法，探讨外人员工的地位流动对自己人员工和外人员工绩效的进一步影响。通过以上分析，得到的主要研究结论有以下几点。

（1）基于既有研究，本书进一步验证了差序式领导可以分为工作型差序式领导和情感型差序式领导；并在此基础上得出，不管是工作型差序式领导还是情感型差序式领导，都有利于提高员工绩效。

（2）从差序式领导的视角开发了外人员工的外群体偏爱测量量表。首先界定外群体偏爱的内涵，然后基于外群体偏爱的内涵和态度本质的潜在进程论确定其维度划分，通过演绎法和归纳法，辅以文献研究和半结构访谈法，开发了外人员工的外群体偏爱量表。外群体偏爱包含两个维度：情感评价上的外群体偏爱和行为倾向上的外群体偏爱。这两个维度一起构成外群体偏爱这一态度变量的心路历程。最后经过实证方法检验和修正，得到了具有较好信度和效度的外群体偏爱的测量工具。

（3）研究发现，差序式领导对自己人员工和外人员工绩效影响的中介作用机制并不相同。对自己人员工而言，心理授权在差序式领导对员工绩效的影响中起中介作用。当差序式领导在情感型和工作型资源上对自己人员工偏私对待时，自己人员工的心理授权水平得到强化，角色内绩效和角色外绩效得到提高，因此差序式领导通过提高自己人员工的心理授权进而提高其员工绩效。对外人员工而言，外群体偏爱在差序式领导对员工绩效的影响中起中介作用。当差序式领导在情感型和工作型资源上对自己人员工偏私对待时，外人员工的外群体偏爱被诱发，其角色内绩效和角色外绩效得到提高，因此差序式领导通过提高外人员工的外群体偏爱进而提高其员工绩效。

（4）无论是对自己人员工还是对外人员工而言，个人成长需求在差序式领导影响员工绩效的过程中均具有调节作用。个人成长需求对领导通过心理授权影响自己人员工绩效的中介作用模型具有调节效应；个人成长需求对差序式领导通过外群体偏爱影响外人员工绩效的中介作用模型具有调节效应。具体而言，对于自己人员工，其个人成长需求在差序式领导与自己人员工角色内绩效之间、差序式领导与自己人员工心理授权之间、心理授权与自己人员工绩效之间的关系中都具有正向调节作用，但在差序式领导与自己人员工角色外绩效之间不具有正向调节作用。对于外人员工，其个人成长需求在工作型差序式领导与外人员工绩效之间、工作型差序式领导与外人员工外群体偏爱之间、外群体偏爱与外人员工绩效之间的关系中都具有正向调节作用，但在情感型差序式领导与外人员工绩效之间以及情感型差序式领导与外人员工外群体偏爱之间不具有正向调节作用。

（5）在实证研究的基础上，鉴于自己人员工和外人员工的群际边界一定程度上具有可渗透性，外人员工会努力采取向上流动的策略以实现其地位流动，利用博弈论相关知识研究发现，外人员工的地位流动不仅不会降低员工绩效，反而会在现有员工绩效基础上，因外人员工为地位流动付出的努力和投入以及与自己人员工之间的合作和互动而实现员工绩效的进一步提升。差序式领导分别通过心理授权、外群体偏爱对自己人员工以及外人员工的绩效产生了正向的影响，同时，自己人员工不想变成外人员工，但外人员工一定不会放弃变成领导者"自己人"的机会，会努力采取向上流动的策略以实现其地位流动。在外人员工地位流动过程中，如果自己人员工接受外人员工的地位流动，那么外人员工就可以减少其地位流动过程中受到的阻碍，更加愿意投入其地位流动的长期过程中。外人员工愿意为其地位流动额外付出的成本和努力能够进一步提高外人员工绩效，进而提高外人员工的额外收益。对自己人来说，一方面，外人员工的地位流动给自己人员工带来一定的危机感和紧迫感，使得自己人员工在外人员工地位流动的长期过程中保持一定的警惕感，从而在长时间的警惕期内保持或提高员工绩效水平；另一方面，自己人员工与外人员工在合作的过程中取长补短。外人员工为了减少其地位流动受到的阻碍，也会主动帮助自己人员工解决其工作中遇到的困难，展现更多的利自己人员工的角色外行为，从而提升自己人员工绩效水平，进一步稳固其自己人员工的地位。因此，在外人员工地位流动的过程中，自己人员工和外人员工相互促进，个人绩效得到提升，员工整体绩效也得到进一步提升。这一结论在一定程度上能为后续开展纵向追踪实证研究提供一些思路。

7.2 启示与建议

组织的可持续发展离不开组织绩效的不断提升和增长，组织绩效的提升又依赖于每个员工的优秀表现。员工的优秀表现不仅体现在所规定的角色内绩效的提升，规定之外的角色外绩效对于组织的生存和可持续发展意义更为重大。员工的角色内绩效和角色外绩效不仅反映了领导者的领导效率，而且也是组织整体效能提升的重要保证。以往研究已经证明了差序式领导在华人企业组织中普遍存在，本书的实证研究发现，差序式领导有利于提高员工绩效水平，但对于自己人和外人员工绩效的中介作用机制却不尽相同。对于自己人员工来说，差序式领导通过提高对自己人员工的心理授权而提高员工绩效；对于外人员工来说，差序式领导通过提高外人员工的外群体偏爱而提高员工绩效；同时员工的个人成长需求对序式差式领导通过心理授权和外群体偏爱影响自己人员工和外人员工绩效的中介模型具有调节效应。本书还通过建立领导者、自己人员工和外人员工的三方动态博弈模型，探讨外人员工的地位流动及其对自己人员工和外人员工绩效的影响。实证检验和博弈模型的研究结果对中国文化情境中家族企业的管理实践具有重要的实践启示和指导意义。

（1）在中国大陆家族企业中，应该充分发挥差序式领导在提高员工绩效过程中的积极作用，完善家族企业的治理模式。差序式领导在中国文化背景下的企业中普遍存在，一个成功的领导者不仅能够有效提高自己人员工和外人员工个体的绩效，而且能提高整个团队的绩效水平。随着家族企业治理的完善，家族企业越来越依靠制度治理，而制度治理对领导者在工作资源分配中的影响比较大，因此差序式领导者应该立足团队和组织整体利益，充分发挥差序式领导作为一种灵活变通的领导方式，在对工作资源进行分配的时候应该更加注重公平的原则，按照员工的个人才能和表现分配工作资源。这样，即使人治主义的文化影响存在，领导者用人唯才的管理特质仍然可以体现，而且领导者拥有的工作资源对于所有的员工来说都有很重要的意义，因此外人员工也会为了得到领导者工作资源的偏私对待而努力工作。差序式领导者对情感型资源的分配受制度的影响并不大，同时情感型资源对不同员工的意义和影响也不一样，因此领导者不用刻意注重公平，可以根据不同员工的不同需求或领导者不同的管理目的分配情感资源，从而拉近与员工的心理距离，提升对员工的管理效能，进而优化家族企业的治理。

（2）差序式领导对自己人员工和外人员工绩效影响的路径是不同的，因此促进员工绩效的提升不仅要关注领导者的领导风格，同时还要关注不同类型员工的心理活动和情感态度，从而使差序式领导取得更好的效果，促进家族企业整体绩效的提升和可持续发展。实证研究结果表明：对于自己人来说，差序式领导可以通过提高自己人员工的心理授权水平而提高自己人员工的绩效。对于外人员工，差序式领导可以通过提高外人员工的外群体偏爱水平从而提高外人的员工绩效。因此，在企业的管理实践中，差序式领导风格的领导者应该因人而异进行绩效管理。对于自己人员工，领导者可以通过在工作资源和情感资源上对其偏私对待，加强与自己人员工的日常交流和沟通，给予其更多可控制的资源和支持以及更多情感上的照顾和关心，并进行适当授权，让自己人员工感受到自己作为"同事领导者"的责任意识，从而促使他们不仅出色地完成角色内绩效，而且展现出更多的角色外绩效。对于外人员工而言，差序式领导可以通过提高外人员工对自己人群体的外群体偏爱水平从而提高其工作绩效。差序式领导者首先应该关注对自己人员工的管理，让外人员工看到员工自己人员工在报酬奖金、职位晋升、职业生涯等方面会有更好的待遇和发展空间，使其对自己人员工群体产生羡慕之情，进而在情感评价和行为倾向上对自己人员工群体产生偏爱。领导者对于自己人员工和外人员工的划分不能一成不变，让自己人员工时刻保持警惕，也让外人员工感知到通过努力也可以成为领导者自己人员工中的一员。对于那些有意向成为领导者"自己人"的外人员工，领导者要适当给予其必要的精神和物质鼓励，用事实向外人员工展现领导者的诚意。因此，领导者可以通过培养和提升外人员工的外群体偏爱程度，使外人员工为了实现这一情感诉求，不断提高其绩效表现。

（3）领导者应该根据员工不同的个人成长需求对员工进行分类管理，优化家族企业人力资源管理实践。实证研究结论表明，自己人员工的个人成长需求对差序式领导通过心理授权影响自己人员工绩效的中介作用模型具有调节效应，外人员工的个人成长需求对差序式领导通过外群体偏爱影响外人员工绩效的中介作用模型具有调节效应。拥有不同成长需求的员工对来自领导者的差序式领导的主观反应会存在差异。对高个人成长需求的员工，差序式领导通过提高自己人员工的心理授权来提升自己人员工绩效，通过外人员工的外群体偏爱来提升外人员工绩效。这说明领导者应该根据员工不同的成长需求进行分类管理，制定不同的管理策略。差序式领导应该了解其直属员工的个人成长需求程度，并根据员工个人成长需求的差异采用不同的激励措施。高成长需求的员工更看重工作本身给他们带来的满足程度和个人发展、成长的机会，因此即使被归类为"外人"，不能从领导者那里得到成长所需的资源，他们仍会在工作中不断进取、不断发展自己。差序式领导应该适当给予高成长需求的员工其成长和发展所需的资源，同时多与之沟通，保持其较高的个人成长需求。低成长需求的员工比较安于现状，因此领导者应该经常鼓励他们，例如可以通过培训鼓励他们不能做温水里的青蛙、不要安于现状，而要不断挑战现状、从新视角解决问题。在招聘新员工时，领导者应该优先选择那些具有高成长需求的员工。

（4）保持员工分类的动态性，建立公平、动态的家族企业文化，充分发挥差序式领导对员工绩效提升的长期影响。长期以来，人治主义等因素使得外人员工不得不接受差序式领导者在工作资源和情感资源上对自己的不公平对待，并为这些不公平对待寻找适合的理由和解释。差序式领导之所以能够既提升自己人员工的绩效又能提升外人员工的绩效，其原因就在于差序式领导强化了自己人员工的报恩心理，同时允许并鼓励外人员工的地位流动，使得外人员工有机会成为领导者自己人员工中的一员。一方面，外人员工相信自己有机会改变自己的不利地位，从而愿意为其地位流动投入更多的努力和成本，进一步提高绩效水平。另一方面，领导者鼓励外人员工地位流动，使自己人员工产生一定的危机感和紧迫感，防止其因为得到领导者的偏私对待而在工作中出现懈怠和投机取巧的行为，从而努力提升自己的绩效水平，减少其自己人地位受到的威胁。这样，自己人员工和外人员工绩效都得到提升，家族企业组织绩效也同时得到提升，企业能实现可持续发展。

7.3　局限性与展望

7.3.1　局限性

科学研究是永无止境的，受笔者知识结构、写作时间和精力的限制，书中尚存在以下不足。

（1）样本和数据存在一定的局限性。考虑到时间、精力和成本，只选取了长三角地区的家族企业作为研究样本。另外，纵向追踪研究成本高、时间长、难度大且可能发生被试流失的情况，导致本书关于差序式领导对员工绩效的长期影响效果的研究存在不足。

（2）社会期许性问题。尽管本书对领导者和员工采取双盲填写调查问卷的施测方式，并且向被试说明研究的保密性，但是由于差序式领导、自己人员工、外人员工的划分以及外群体偏爱等概念较为敏感，员工担心会被领导或其他同事知晓，因此在填写这部分内容时可能存在一定的社会期许性问题。

7.3.2　展望

鉴于研究存在的局限性，后续研究可以从以下几个方面展开。

（1）进一步完善差序式领导量表的题项。差序式领导的研究属于一个比较新的领域，目前学者对差序式领导的内涵、理论和测量方法的研究尚存在一定的分歧，因此今后可以考虑采用扎根、归纳的研究方法进一步完善差序式领导量表的题项。

（2）从动态视角了解差序式领导对员工绩效的影响。通过跟踪式的纵向研究，全面了解差序式领导对员工绩效的长期影响。本书虽然尝试在实证研究的基础上运用博弈的方法研究了外人员工地位流动对员工绩效的影响，一定意义上拓延了差序式领导对员工绩效影响的长期效果研究，但仍需在现实生活中加以验证和完善。

（3）拓展差序式领导对员工绩效影响研究的深度和精度。首先，扩大取样范围，在不同地区、不同类型的组织中进一步研究和验证差序式领导对员工绩效的影响及其作用机制，提高结论的普遍性和适用性；其次，尽可能收集团队所有成员的数据，以深化差序式领导与员工绩效之间关系的研究层次；最后，挖掘差序式领导与自己人和外人员工绩效之间更多的作用机制，以丰富差序式领导和员工绩效之间作用机制的相关研究，如家族企业的管理机制、企业文化等组织层面的因素对研究结果的影响。

参考文献

（一）英文参考文献

［1］ AKGUNDUZ Y, BARDAKOGLU O. The impacts of perceived organizational prestige and organization identification on turnover intention: the mediating effect of psychological empowerment ［J］. Current Issues in Tourism, 2017, 20 （14）: 1510-1526.

［2］ ASHBURN-NARDO L, JOHNSON N J. Implicit outgroup favoritism and intergroup judgment: the moderating role of stereotypic context ［J］. Social Justice Research, 2008, 21 （4）: 490-508.

［3］ ASHBURN-NARDO L, MONTEITH M J, ARTHUR S A, et al. Race and the psychological health of African Americans ［J］. Group Processes & Intergroup Relations, 2007, 10 （4）: 471-491.

［4］ ASTRACHAN J H, SHANKER M C. Family businesses' contribution to the U.S. economy: a closer look ［J］. Family Business Review, 2003, 16 （3）: 211-219.

［5］ AYDOGMUS C, METIN CAMGOZ S, ERGENELI A, et al. Perceptions of transformational leadership and job satisfaction: the roles of personality traits and psychological empowerment ［J］. Journal of Management & Organization, 2018, 24 （1）: 81-107.

［6］ BASS B M, STEIDLMEIER P. Ethics, character, and authentic transformational leadership behavior ［J］. The leadership quarterly, 1999, 10 （2）: 181-217.

[7] BERNARDIN H J, BEATTY R W. Performance appraisal: assessing human behavior at work [M]. Boston: Kent Publishing Company, 1984.

[8] BLAU J R, ALBA R D. Empowering nets of participation [J]. Administrative Science Quarterly, 1982, 27 (3): 363-379.

[9] BORMAN W C, MOTOWIDLO S. Expanding the criterion domain to include elements of contextual performance [J]. Personnel Selection in Organizations, San Francisco: Jossey-Bass, 1993: 71-98.

[10] BREWER M B. Intergroup relations [M]. New York: Oxford University Press, 2010.

[11] CARTER M Z, ARMENAKIS A A, FEILD H S, et al. Transformational leadership, relationship quality, and employee performance during continuous incremental organizational change [J]. Journal of Organizational Behavior, 2013, 34 (7): 942-958.

[12] CHEN X P, EBERLY M B, CHIANG T J, et al. Affective trust in Chinese leaders: linking paternalistic leadership to employee performance [J]. Journal of management, 2014, 40 (3): 796-819.

[13] CHEN Y R, BROCKNER J, CHEN X P. Individual-collective primacy and ingroup favoritism: enhancement and protection effects [J]. Journal of Experimental Social Psychology, 2002, 38 (5): 482-491.

[14] CHENG B S, JIANG D Y, RILEY J H. Organizational commitment, supervisory commitment, and employee outcomes in the Chinese context: proximal hypothesis or global hypothesis? [J]. Journal of Organizational Behavior, 2003, 24 (3): 313-334.

[15] CHURCHILL N C, HATTEN K J. Non-market-based transfers of wealth and power: a research framework for family businesses [J]. American Journal of Small Business, 1987, 12 (1): 53-66.

[16] CONGER J A, KANUNGO R N. The empowerment process: integrating theory and practice [J]. Academy of Management Re-

view, 1988, 13 (3): 471-482.

[17] DECI E L. Intrinsic motivation [M]. New York: Plenmu, 1975.

[18] DONNENWERTH G V, FOA U G. Effect of resource class on retaliation to injustice in interpersonal exchange [J]. Journal of Personality and Social Psychology, 1974, 29 (6): 785-793.

[19] DULEBOHN J H, BOMMER W H, LIDEN R C, et al. A meta-analysis of antecedents and consequences of leader-member exchange: integrating the past with an eye toward the future [J]. Journalof Management, 2012, 38 (6): 1715-1759.

[20] DUST S B, RESICK C J, MAWRITZ M B. Transformational leadership, psychological empowerment, and the moderating role of mechanistic-organic contexts [J]. Journal of Organizational Behavior, 2014, 35 (3): 413-433.

[21] ERDOGAN B, OZYILMAZ A, BAUER T N, et al. Accidents happen: psychological empowerment as a moderator of accident involvement and its outcomes [J]. Personnel Psychology, 2018, 71 (1): 67-83.

[22] FARH J L, CHENG B S. A cultural analysis of paternalistic leadership in Chinese organizations //Management and Organizations in the Chinese Context [M]. London: Palgrave Macmillan, UK, 2000: 84-127.

[23] FARH J L, ZHONG C B, ORGAN D W. Organizational citizenship behavior in the People's Republic of China [J]. Organization Science, 2004, 15 (2): 241-253.

[24] FOA U G, FOA E B. Societal structures of the mind [M]. Springfield, IL: C Thomas, 1974.

[25] FORD M T, CERASOLI C P, HIGGINS J A, et al. Relationships between psychological, physical, and behavioural health and work performance: a review and meta-analysis [J]. Work & Stress, 2011, 25 (3): 185-204.

［26］ GRAEN G B, UHL-BIEN M. Relationship-based approach to lea-
dership: development of leader-member exchange (LMX) theory of
leadership over 25 years: applying a multi-level multi-domain per-
spective ［J］. The Leadership Quarterly, 1995, 6 (2): 219-247.

［27］ HACKMAN J R. Collaborative intelligence: using teams to solve
hard problems ［M］. New York: McGraw-Hill Education, 2011.

［28］ HEWSTONE M, RUBIN M, WILLIS H. Intergroup bias ［J］. An-
nual Review of Psychology, 2002, 53 (1): 575-604.

［29］ HUANG X, IUN J. The impact of subordinate-supervisor similarity
in growth-need strength on work outcomes: the mediating role of per-
ceived similarity ［J］. Journal of Organizational Behavior, 2006, 27
(8): 1121-1148.

［30］ JIANG D Y, CHENG M Y, WANG L, et al. Differential leader-
ship: reconceptualization and measurement development ［C］. Pa-
per presented at the meeting of the 29th Annual SIOP Conference,
Honolulu, Hawaii, 2014.

［31］ JOO B K, JO S J. The effects of perceived authentic leadership and
core self-evaluations on organizational citizenship behavior: the role
of psychological empowerment as a partial mediator ［J］. Leadership
& Organization Development Journal, 2017, 38 (3): 463-481.

［32］ JOST J T, MAJOR B. The psychology of legitimacy: emerging per-
spectives on ideology, justice, and intergroup relations ［M］. New
York: Cambridge University Press, 2001.

［33］ JOST J T, PELHAM B W, CARVALLO M R. Non-conscious forms
of system justification: implicit and behavioral preferences for higher
status groups ［J］. Journal of Experimental Social Psychology,
2002, 38 (6): 586-602.

［34］ JOST J T. An experimental replication of the depressed-entitlement
effect among women ［J］. Psychology of Women Quarterly, 1997,
21 (3): 387-393.

［35］ JOST J. Outgroup favoritism and the theory of system justification: an experimental paradigm for investigating the effects of socio-economic success on stereotype content ［M］// Cognitive Social Psychology: the Princeton Symposium on the legacy and future of social cognition. Mahwah, N J: Lawrence Erlbaum Associates, 2001.

［36］ ZALEZNIK A, KATZ D, KAHN R. The social psychology of organizations ［J］. Administrative Science Quarterly, 1978, 46 (1): 473-485.

［37］ LIDEN R C, GRAEN G. Generalizability of the vertical dyad linkage model of leadership ［J］. Academy of Management Journal, 1980, 23 (3): 451-465.

［38］ MACKENZIE S B, PODSAKOFF P M, PODSAKOFF N P. Construct measurement and validation procedures in MIS and behavioral research: integrating new and existing techniques ［J］. MIS Quarterly, 2011, 35 (2): 293-334.

［39］ MAINIERO L A. Coping with powerlessness: the relationship of gender and job dependency to empowerment-strategy usage ［J］. Administrative Science Quarterly, 1986, 31 (4): 633-653.

［40］ MARTIN J, HARDER J W. Bread and roses: justice and the distribution of financial and socioemotional rewards in organizations ［J］. Social Justice Research, 1994, 7 (3): 241-264.

［41］ NG T W, FELDMAN D C. The relationship of age to ten dimensions of job performance ［J］. Journal of Applied Psychology, 2008, 93 (2): 392-423.

［42］ ORGAN D W. A restatement of the satisfaction-performance hypothesis ［J］. Journal of management, 1988, 14 (4): 547-557.

［43］ PICCOLO R F, COLQUITT J A. Transformational leadership and job behaviors: the mediating role of core job characteristics ［J］. Academy of Management Journal, 2006, 49 (2): 327-340.

［44］ RICH B L, LEPINE J A, CRAWFORD E R. Job engagement: an-

tecedents and effects on job performance ［J］. Academy of Manage-
ment Journal, 2010, 53 （3）: 617-635.

［45］ SCHYNS B, SCHILLING J. Howbad are the effects of bad leaders?
A meta-analysis of destructive leadership and its outcomes ［J］. The
Leadership Quarterly, 2013, 24 （1）: 138-158.

［46］ SEIBERT S E, SILVER S R, RANDOLPH W A. Taking empower-
ment to the next level: a multiple-level model of empowerment, per-
formance, and satisfaction ［J］. Academy of Management Journal,
2004, 47 （3）: 332-349.

［47］ SMIRCICH L. Concepts of culture and organizational analysis ［J］.
Administrative Science Quarterly, 1983, 28 （3）: 339-358.

［48］ SPREITZER G M, KIZILOS M A, NASON S W. A dimensional
analysis of the relationship between psychological empowerment and
effectiveness satisfaction, and strain ［J］. Journal of Management,
1997, 23 （5）: 679-704.

［49］ SPREITZER G M. Social structural characteristics of psychological
empowerment ［J］. Academy of Management Journal, 1996, 39
（2）: 483-504.

［50］ STAJKOVIC A D, LUTHANS F. Self-efficacy and work-related per-
formance: a meta-analysis ［J］. Psychological Bulletin, 1998, 124
（2）: 240-261.

［51］ TSUI A S, PEARCE J L, PORTER L W, et al. Alternative approa-
ches to the employee-organization relationship: does investment in
employees pay off? ［J］. Academy of Management Journal, 1997,
40 （5）: 1089-1121.

［52］ VAN SCOTTER J R, MOTOWIDLO S J. Interpersonal facilitation
and job dedication as separate facets of contextual performance ［J］.
Journal of Applied Psychology, 1996, 81 （5）: 525-531.

［53］ von HIPPEL C D. When people would rather switch than fight: out-
group favoritism among temporary employees ［J］. Group Processes

& Intergroup Relations, 2006, 9 (4): 533-546.

[54] WALUMBWA F O, HARTNELL C A, OKE A. Servant leadership, procedural justice climate, service climate, employee attitudes, and organizational citizenship behavior: a cross-level investigation [J]. Journal of Applied Psychology, 2010, 95 (3): 517-529.

[55] WANG G, OH I S, COURTRIGHT S H, et al. Transformational leadership and performance across criteria and levels: a meta-analytic review of 25 years of research [J]. Group & Organization Management, 2011, 36 (2): 223-270.

[56] WANG L, CHENG M Y, WANG S. Carrot or stick? The role of in-group/out-group on the multilevel relationship between authoritarian and differential leadership and employee turnover Intention [J]. Journal of Business Ethics, 2018, 152 (4): 1069-1084.

[57] WANG Y, LIU J, ZHU Y. How does humble leadership promote follower creativity? The roles of psychological capital and growth need strength [J]. Leadership & Organization Development Journal, 2018, 39 (4): 507-521.

[58] WRIGHT S C, TAYLOR D M, MOGHADDAM F M. Responding to membership in a disadvantaged group: from acceptance to collective protest [J]. Journal of Personality and Social Psychology, 1990, 58 (6): 994-1003.

[59] WU M Y, ZHANG L R, IMRAN M, et al. Impact of differential leadership on innovative behavior of employees: a double-edged sword [J]. Social Behavior and Personality: an International Journal, 2021, 49 (2): 1-12.

[60] YOO J. Customer power and frontline employee voice behavior: mediating roles of psychological empowerment [J]. European Journal of Marketing, 2017, 51, (1): 238-256.

[61] ZHANG X M, BARTOL K M. Linking empowering leadership and employee creativity: the influence of psychological empowerment, in-

trinsic motivation, and creative process engagement [J]. Academy of Management Journal, 2010, 53 (1): 107-128.

[62] ZHOU J M, LIU S, ZHANG X S, et al. Differential leadership, team conflict and new product development performance: an empirical study from R&D team in China [J]. Chinese Management Studies, 2016, 10 (3): 544-558.

(二) 中文参考文献

[1] 陈献喜. 基于组织公平的差序式领导与离职倾向的实证研究: 以职场情谊作为干扰变数 [D]. 台中: 逢甲大学, 2014.

[2] 陈永霞, 贾良定, 李超平, 等. 变革型领导、心理授权与员工的组织承诺: 中国情景下的实证研究 [J]. 管理世界, 2006 (1): 96-105, 144.

[3] 程婕婷, 管健, 汪新建. 共识性歧视与刻板印象: 以外来务工人员与城市居民群体为例 [J]. 中国临床心理学杂志, 2012, 20 (4): 543-546.

[4] 迈尔斯. 心理学 [M]. 北京: 人民邮电出版社, 2013.

[5] 窦军生. 家族企业代际传承中企业家默会知识和关系网络的传承机理研究 [D]. 杭州: 浙江大学, 2008.

[6] 费孝通. 乡土中国 [M]. 上海: 上海人民出版社, 2013.

[7] 侯烜方, 卢福财. 新生代工作价值观、内在动机对工作绩效影响: 组织文化的调节效应 [J]. 管理评论, 2018, 30 (4): 157-168.

[8] 黄光国. 人情与面子 [J]. 经济社会体制比较, 1985 (3): 55-62.

[9] 姜定宇, 张苑真. 华人差序式领导与部属效能 [J]. 本土心理学研究, 2010 (33): 109-177.

[10] 姜定宇, 郑伯壎. 华人差序式领导的本质与影响历程 [J]. 本土心理学研究, 2014 (42): 285-357.

［11］ 孔茗，袁悦，钱小军．领导-成员喜欢一致性对员工工作投入的
影响及其机制［J］．南开管理评论，2017，20（6）：104-115.

［12］ 来宪伟，许晓丽，程延园．领导差别对待：中西方研究的比较
式回顾与未来展望［J］．外国经济与管理，2018，40（3）：
92-106.

［13］ 雷巧玲，赵更申．知识型员工个体特征对心理授权影响的实证
研究［J］．科学学与科学技术管理，2009，30（8）：182-185.

［14］ 李超平，李晓轩，时勘，等．授权的测量及其与员工工作态度
的关系［J］．心理学报，2006，38（1）：99-106.

［15］ 李超平，田宝，时勘．变革型领导与员工工作态度：心理授权
的中介作用［J］．心理学报，2006，38（2）：297-307.

［16］ 李珲，丁刚，李新建．基于家长式领导三元理论的领导方式对员
工创新行为的影响［J］．管理学报，2014，11（7）：1005-1013.

［17］ 李晓玉，赵申苒，高昂，等．差序式领导对员工建言行为的影
响：组织承诺与内部人身份认知的多重中介效应［J］．心理与
行为研究，2019，17（3）：408-414，432.

［18］ 李燕萍，涂乙冬．与领导关系好就能获得职业成功吗？一项调
节的中介效应研究［J］．心理学报，2011，43（8）：941-952.

［19］ 连淑芳．内-外群体偏爱的内隐效应实验研究［J］．心理科学，
2005，28（1）：93-95.

［20］ 林英晖，程垦．差序式领导与员工亲组织非伦理行为：圈内人和
圈外人视角［J］．管理科学，2017，30（3）：35-50.

［21］ 刘芳，王浩．组织心理所有权与工作态度、行为和结果的关系
研究［J］．软科学，2010，24（9）：124-128.

［22］ 刘家国，周媛媛，石倩文．组织公民行为负效应研究：整合广义
交换、印象管理和进化心理学的分析［J］．管理评论，2017，
29（4）：163-180.

［23］ 刘俊升，桑标．内隐-外显态度的关系及其行为预测性［J］．华
东师范大学学报（教育科学版），2010，28（2）：59-66.

［24］ 刘文彬，唐超，唐杰．差序式领导对员工反生产行为的影响机

制：基于多理论视角的探索性研究 [J]. 运筹与管理，2020，29（11）：223-231.

[25] 刘晓琴. 华人差序式领导对员工职场非伦理行为的影响：基于圈内人身份认知的视角 [J]. 华东经济管理，2014，28（6）：123-128.

[26] 刘云，石金涛. 组织创新气氛与激励偏好对员工创新行为的交互效应研究 [J]. 管理世界，2009，(10)：88-101，114，188.

[27] 刘智强，卫利华，王凤娟，等. 上下级 GNS、激励机制选择与创造性产出 [J]. 管理世界，2018，34（9）：95-108，191.

[28] 苏方国，赵曙明. 组织承诺、组织公民行为与离职倾向关系研究 [J]. 科学学与科学技术管理，2005，26（8）：111-116.

[29] 苏涛，邓思璐，关铭琪，等. 差序式领导双面效应的元分析研究 [J]. 管理学报，2022，19（12）：1801-1810.

[30] 孙晓真. 差序式领导三成分与团队效能及团队人际冲突之关联 [D]. 嘉义：台湾中正大学，2014.

[31] 孙永磊，宋晶，陈劲. 差异化变革型领导、心理授权与组织创造力 [J]. 科学学与科学技术管理，2016，37（4）：137-146.

[32] 汤学俊. 变革型领导、心理授权与组织公民行为 [J]. 南京社会科学，2014（7）：13-19.

[33] 陶厚永，章娟，李玲. 差序式领导对员工利社会行为的影响 [J]. 中国工业经济，2016（3）：114-129.

[34] 田在兰，黄培伦. 差序式领导理论的发展脉络及与其他领导行为的对比研究 [J]. 科学学与科学技术管理，2013，34（4）：150-157.

[35] 佟丽君，吕娜. 组织公正、心理授权与员工进谏行为的关系研究 [J]. 心理科学，2009，32（5）：1067-1069.

[36] 屠兴勇，张琪，王泽英，等. 信任氛围、内部人身份认知与员工角色内绩效：中介的调节效应 [J]. 心理学报，2017，49（1）：83-93.

[37] 万涛. 信任与组织公民行为：心理授权的调节作用实证研究

［J］. 南开管理评论，2009，12（3）：59-66.

［38］王磊. 差序式领导有效性的理论与实证研究：一个本土化视角
［D］. 大连：东北财经大学，2013.

［39］王磊. 中国家族企业成长中差序式领导对员工及团队创造力的
影响：一个跨层次跟踪研究［J］. 心理科学进展，2015，23
（10）：1688-1700.

［40］翁清雄，席酉民. 动态职业环境下职业成长与组织承诺的关系
［J］. 管理科学学报，2011，14（3）：48-59.

［41］吴士健，高文超，权英. 差序式领导、创造力自我效能感对员
工创造力的影响：中庸思维的调节作用［J］. 科技进步与对策，
2021，38（17）：144-151.

［42］吴志明，武欣. 变革型领导、组织公民行为与心理授权关系研
究［J］. 管理科学学报，2007，38（5）：40-47.

［43］夏绪梅，纪晓阳. 辱虐管理对员工创新行为的影响：心理授权
的中介作用［J］. 西安财经学院学报，2017，30（2）：62-67.

［44］向玲，赵玉芳. 使用加工分离程序对低地位群体内/外群体偏爱
的研究［J］. 心理科学，2013，36（3）：702-705.

［45］谢佩儒. 双构面差序式领导与部属效能：上下关系认定之调节
效果［D］. 台北：台湾大学，2015.

［46］徐玮伶. 海峡两岸企业主管之差序式领导：一项历程性的分析
［D］. 台北：台湾大学，2004.

［47］徐文忠. 从差序管理行为探讨高阶团队的形成与绩效［D］. 高
雄：台湾中山大学，2005.

［48］严义娟，佐斌. 外群体偏爱研究进展［J］. 心理科学，2008，31
（3）：671-674.

［49］颜爱民，陈丽. 高绩效工作系统对员工行为的影响：以心理授
权为中介［J］. 中南大学学报（社会科学版），2016，22（3）：
107-113.

［50］杨春江，蔡迎春，侯红旭. 心理授权与工作嵌入视角下的变革型
领导对下属组织公民行为的影响研究［J］. 管理学报，2015，12

（2）：231-239.

[51] 杨国枢. 中国人的社会取向：社会互动的观点［M］. 台北：桂冠图书股份有限公司，1993.

[52] 于永达，薛莹. 差序式领导对下属知识隐藏行为的影响［J］. 软科学，2023，37（8）：38-45.

[53] 张四龙，李明生. 组织道德气氛对组织公民行为的影响：组织认同的中介作用［J］. 管理评论，2013，25（11）：85-94.

[54] 张引，贺雯，罗俊龙. 情绪对内隐态度和外显态度联结的调节作用［J］. 心理科学进展，2014，22（12）：1882-1888.

[55] 赵金金. 差序式领导对知识型员工建设性越轨行为的影响机制研究［J］. 商业经济与管理，2019（11）：42-54.

[56] 郑伯埙. 差序格局与华人组织行为［J］. 本土心理学研究，1995（3）：142-219.

[57] 郑伯埙. 华人领导：理论与实际［M］. 台北：桂冠图书股份有限公司，2005.

[58] 郑伯埙. 华人文化与组织领导：由现象描述到理论验证［J］. 本土心理学研究，2004（22）：195-251.

[59] 郑晓明，刘鑫. 互动公平对员工幸福感的影响：心理授权的中介作用与权力距离的调节作用［J］. 心理学报，2016，48（6）：693-709.

[60] 仲理峰. 心理资本对员工的工作绩效、组织承诺及组织公民行为的影响［J］. 心理学报，2007，39（2）：328-334.

附录

团队领导调查问卷

亲爱的先生/女士，您好！

感谢您在百忙之中协助我们完成这一项调查。这份问卷的目的在于了解您对您的团队员工的一些看法和感受。这些看法和感受并无对错之分，请您按照自己的实际情况和心理感受作答。每一部分的开始，都有填写方式的说明，请您仔细阅读后开始填写。您的真实感受和认真填写对本次学术研究意义重大。

您填写的问卷资料我们将严格保密，并纯粹用于学术研究。因此，我们向您郑重保证，您公司中的任何一个人都不会看到您的问卷和填写的答案。问卷收回后将立刻利用电脑进行整理和分析，涉及个人信息的部分将会做模糊处理，不会做个别处理，请您放心填写。没加特殊说明的均为单选题。整份问卷大约需要20分钟的时间，填写完毕后，请您将问卷交由问卷发放者。

本研究的顺利进行倚仗您的支持和参与，在此谨向您表示我们最诚挚的感谢！祝您工作愉快，健康开心！

江苏大学财经学院

第一部分　您的基本信息：

1. 您的年龄：□≤25岁　□26~30岁　□31~35岁　□36~40岁
□41~45岁　□46~50岁　□51~55岁　□56~60岁　□>60岁

2. 您的性别：□男　　□女

3. 您的文化程度：□初中或以下　□高中或中专　□大专
□本科　□研究生及以上

4. 您在本团队工作了_____年，您在本公司工作了_____年

5. 您所在的部门：□行政/人事　□财务/会计　□销售/采购
□研发/技术　□生产制造　□其他

第二部分　在工作场合中，领导有着风格各异的领导方式。有些领导依据一定的标准，将员工区分为"自己人"和"外人"，从而形成了领导的"自己人"和"外人"两个次群体，并给予"自己人"偏私对待。请依照您与团队员工互动时的实际经验，将员工进行分类，并对该员工的表现进行评价。在合适的空格中画"√"即可。

员工编号：_____　　姓名：_____　　他是您的：□外人　□自己人

题号	题　项	非常不符合	不符合	一般	符合	非常符合
201	该员工可以圆满地完成领导安排的工作					
202	该员工可以履行岗位职责					
203	该员工可以保质保量地完成该做的工作					
204	该员工可以达到工作上所要求的绩效考核标准					
205	该员工可以全身心投入与绩效考核相关的工作事项中					
301	该员工会努力维护公司形象					
302	该员工会主动对外介绍本公司优秀之处并澄清他人对本公司的误解					
303	该员工会主动思考并提出有利于公司发展的合理意见					
304	该员工会积极参加公司的相关会议					
305	该员工节约使用公司资源（如电话、复印机、电脑和汽车等）					
306	该员工从不在工作时间处理自己的私事					
307	该员工从不因为私事请病假					
308	该员工主动帮助新同事，使其尽快适应工作环境					

题号	题　项	非常不符合	不符合	一般	符合	非常符合
309	该员工乐意帮助同事解决工作上的困难					
3010	该员工主动分担或代理同事的工作					
3011	平时该员工会主动与同事协调沟通					
3012	该员工协助解决同事之间的误会和纠纷，维护人际关系和谐					
3013	该员工维护团队团结，从不在背后议论其他同事					
3014	该员工能与同事建立融洽而良好的关系					
3015	该员工不计较与同事之间的过节					
3016	该员工上班经常早到，并着手开展工作					
3017	该员工认真工作，很少犯错误					
3018	即使没有人看到，该员工仍然自觉遵守公司的规章制度					
3019	该员工从不挑拣工作，乐意接受有挑战性的任务					
3020	为了提高工作效率，该员工会不断通过学习充实自己					

团队员工调查问卷

亲爱的先生/女士：您好！

感谢您在百忙之中协助我们完成这一项调查。这份问卷的目的在于了解您对您所在团队的一些看法和感受。这些看法和感受并无对错之分，请您按照自己的实际情况和心理感受作答。每一部分的开始，都有填写方式的说明，请您仔细阅读后开始填写。您填写的问卷资料我们将严格保密，并纯粹用于学术研究。因此，我们向您郑重保证，您公司中的任何一个人都不会看到您的问卷和填写的答案，请您放心填写。没加特殊说明的均为单选题。填写完毕后，请您将问卷交由问卷发放者。

本研究的顺利进行倚仗您的支持和参与，在此谨向您表示我们最诚挚的感谢！祝您工作愉快，健康开心！

江苏大学财经学院

第一部分　个人信息

101. 您的年龄：□≤25 岁　□26~30 岁　□31~35 岁
□36~40 岁　□41~45 岁　□46~50 岁　□51~55 岁　□≥56 岁

102. 您的性别：□男　　□女

103. 您的文化程度：□初中或以下　□高中或中专　□大专
□本科　□研究生及以上

104. 您与现在的主管共事的时间有_____年____月，您在公司工作了_____年____月

105. 您所在的部门：□行政/人事　□财务/会计　□销售/采购
□研发/技术　□生产/制造　□其他

第二部分　本部分是为了了解您的个人成长需求而设置。您根据实际情况，在合适的空格中画"√"即可。

题号	题 项	非常不符合	不符合	一般	符合	非常符合
201	我喜欢工作中的刺激和挑战					
202	获得工作成就感对我来说很重要					
203	工作中自我成长和发展的机会对我来说很重要					
204	我喜欢在工作中独立思考和行动					
205	我喜欢在工作中尽情发挥自己的创造力					
206	我喜欢利用工作中的各种机会去增长自己的知识和技能					

第三部分 在工作场合中，领导有着风格各异的领导方式。有些领导依据一定的标准，将员工区分为自己人员工和外人员工，从而形成了领导的"自己人"和"外人"两个次群体，并给予"自己人"偏私对待。下列题项描述领导可能的行为表现。您依照与直属领导互动时的实际经验，在合适的空格中画"√"即可。

题号	题项开头皆为"相对于外人员工，我的直属领导……"	非常不符合	不符合	一般	符合	非常符合
301	赋予自己人员工较大的责任					
302	给予自己人员工较多参与决策的机会					
303	让自己人员工在团队内担任重要的职务					
304	给予自己人员工较快的升迁速度					
305	给予自己人员工较多的培训和进修机会					
306	给予自己人员工较多的金钱奖赏					
307	给予自己人员工较多可以获得绩效和奖励的机会					
308	给予自己人员工较多工作上可运用的资源（如人员、设备和预算）					
309	给予自己人员工较多的福利					
310	与自己人员工在情感上较接近					
311	更关心自己人员工的日常生活					
312	给予自己人员工较多的情感支持					
313	更加设身处地地为自己人员工着想					

续表

题号	题项开头皆为"相对于外人员工，我的直属领导……"	非常不符合	不符合	一般	符合	非常符合
314	对自己人员工吐露内心的真实想法					
315	对自己人员工更加信赖					
316	给予自己人员工较多的关怀和特殊照顾，且关心其家人					
317	对自己人员工的态度比较和善					
318	与自己人员工谈论较多私人事情					
319	对自己人员工嘘寒问暖					

第四部分 您的直接领导将您所在团队员工区分为自己人员工和外人员工时，采取的分类标准有：（可多选）

□员工与领导关系的亲近程度 □员工对领导的忠诚度
□员工的才能 □其他

第五部分 您认为您是直接领导的：

□外人（请作答 A 部分） □ 自己人（请作答 B 部分）

A. 根据实际的工作情况与心理感受，在合适的空格中画"√"即可。

题号	题 项	非常不符合	不符合	一般	符合	非常符合
601	我很羡慕领导的自己人					
602	成为领导的自己人能使我获得一些价值					
603	对于领导的自己人群体，我有好感					
604	我希望自己成为领导自己人中的一员					
605	我会努力成为领导的自己人					
606	我会把领导的自己人视为学习的典范					
607	我会主动接近领导的自己人					
608	当领导的自己人遇到困难时，我会主动帮助他					
609	我更愿意与领导的自己人一起工作					

B. 根据实际的工作情况与心理感受，在合适的空格中画"√"即可。

题号	题　项	非常不符合	不符合	一般	符合	非常符合
701	我所做的工作对我来说非常有意义					
702	工作上所做的事对我个人来说非常有意义					
703	我的工作对我来说非常重要					
704	我自己可以决定如何着手来做我的工作					
705	在如何完成工作上，我有很大的独立性和自主权					
706	在决定如何完成我的工作上，我有很大的自主权					
707	我掌握了完成工作所需要的各项技能					
708	我相信自己有做好工作上的各项事情的能力					
709	我对自己完成工作的能力非常有信心					
710	我对所在团队有很大的影响力					
711	我对发生在所在团队的事情起着很大的控制作用					
712	我对发生在所在团队的事情有重大的影响					

问卷到此结束，衷心感谢您的支持和参与！